GUIDE DE L'INSTITUTEUR ET DE L'INSTITUTRICE PUBLICS

AU POINT DE VUE ADMINISTRATIF

PAR

ALBERT LANTENOIS
COMMIS D'INSPECTION ACADÉMIQUE

« La vocation fait l'instituteur ; la culture pédagogique le perfectionne ; un bon guide le dirige ».

Nouvelle édition revue et complétée

PARIS
LIBRAIRIE HACHETTE ET Cie
79, BOULEVARD SAINT-GERMAIN, 79

1908

A LA MÊME LIBRAIRIE

Manuel d'examen pour le brevet élémentaire de l'enseignement primaire; nouvelle édition, entièrement refondue par MM. Auvert, Brouet, Daix, Gaillard, inspecteurs primaires à Paris, Godefroy, professeur à l'École normale primaire de la Seine, et Mabilleau, directeur du Musée social. 1 vol. petit in-16, cartonné . . . . 5 fr.

Manuel d'examen pour le brevet supérieur de l'enseignement primaire, nouvelle édition entièrement refondue conformément aux programmes du 4 août 1905, sous la direction de M. Boitel, directeur de l'école Turgot. 2 vol. petit in-16, cart. . . . . 10 fr.
  Partie littéraire. 1 vol. . . . . 5 fr.
  Partie scientifique. 1 vol. . . . . 5 fr.

Manuel du certificat d'aptitude pédagogique, par MM. Brouard et Defodon; 8e édition conforme aux dispositions de la loi du 30 octobre 1886, et des décrets et arrêtés organiques du 18 janvier 1887. 1 vol. petit in-16, cartonné . . . . 5 fr.

Cent dictées expliquées du brevet élémentaire suivies de questions posées à l'examen et de réponses, par G. Manuel Un vol. in-16, broché . . . . 1 fr. 20

Cent compositions françaises du brevet élémentaire suivies de plans, de développements et de conseils aux candidats, par G. Manuel. Un vol. in-16. broché. . . 0 fr. 60

Deux cents problèmes et questions de théorie du brevet élémentaire avec solutions raisonnées et réponses, par G. Manuel. Un vol. in-16, broché . . . . 1 fr.

Manuel général de l'instruction primaire, journal hebdomadaire des instituteurs et des institutrices. Nouvelle série commencée le 1er octobre 1905, comprenant : 1° une *partie générale* composée de 16 pages et contenant des articles d'éducation et d'enseignement, de législation et d'administration, une Revue de la Presse et de l'Etranger, des articles biographiques, des variétés, etc. ; 2° une *partie scolaire* de 16 pages formant un véritable journal de classe; 3° des sujets de compositions donnés dans les examens et concours de l'enseignement primaire, etc.
  Prix de l'abonnement pour un an :
    France 6 fr. — Etranger . . . . 8 fr.

Nouveau Code de l'instruction primaire par Pichard, 20e édition (1908) entièrement refondue avec la collaboration de M. Wissemans, sous-chef de bureau au Ministère de l'instruction publique. 1 vol. in-16, broché . . . . 6 fr.

Programmes (les nouveaux) des écoles primaires, avec divisions mensuelles et emplois du temps, par MM. Brouard et Defodon; 8e édition entièrement refondue et mise à jour (1904). Brochure in-16. . . . . 0 fr. 60

Inspection des écoles primaires, par Brouard et Defodon, ancien inspecteur primaire à Paris; 5e édition complétée conformément aux programmes de 1887. 1 volume in-16, broché. . . . . 3 fr. 50

Questions de Pédagogie traitées au point de vue de la préparation aux examens professionnels de l'enseignement primaire, par Brouard et Defodon. 1 vol. in-16 broché . . 4 fr.

SAINT-AMAND (CHER). — IMPRIMERIE BUSSIÈRE. 1908.

GUIDE
DE L'INSTITUTEUR
ET DE L'INSTITUTRICE

AU POINT DE VUE ADMINISTRATIF

A LA MÊME LIBRAIRIE

IMPRIMERIE BUSSIÈRE. — SAINT-AMAND (CHER)

GUIDE
DE L'INSTITUTEUR
ET
DE L'INSTITUTRICE
PUBLICS
AU POINT DE VUE ADMINISTRATIF

PAR

ALBERT LANTENOIS

COMMIS D'INSPECTION ACADÉMIQUE

« La vocation fait l'Instituteur ;
la culture pédagogique le perfectionne ; un bon guide le dirige ».

Nouvelle édition revue et complétée

PARIS
LIBRAIRIE HACHETTE ET Cie
79, BOULEVARD SAINT-GERMAIN, 79

1908

PRÉFACE

Élève, mon ami, qui te prépares à devenir Instituteur, je voudrais causer avec toi un instant avant que tu ne t'engages dans la voie que tu t'es résolument tracée.

Je vois dans les bibliothèques qui te sont déjà ouvertes, à l'heure présente, des livres écrits par des maîtres de l'enfance, par des pédagogues d'une réelle valeur. Ils consacrent des pages entières à la mission que tu auras à remplir dans la société, à sa noblesse et à son importance. Ils entrent dans le détail des méthodes qui s'imposeront à ton attention le jour où tu franchiras le seuil de l'école. Ils oublient, à mon sens, un chapitre essentiel. Je voudrais les voir, avant tout préambule, te convier à quelques minutes de réflexion et te demander si tu as la vocation de l'enseignement. Car c'est de l'examen de cette question, bien plus que du choix des méthodes ou de la lecture d'une page de morale, que dépendent le succès du maître dans l'école et son bonheur dans la vie.

Elève, mon ami, as-tu la vocation?

Si tu m'en crois, tu resteras insensible aux voix du dehors qui te font espérer l'aisance ou la prospérité dans l'exercice de tes fonctions. En y prêtant une oreille trop attentive, tu risquerais d'être, un jour, un déçu de la vie. L'instituteur est assuré de vivre à l'abri du besoin. Il peut élever honorablement sa famille, donner à ses enfants une excellente éducation. Il ne peut faire fortune. Le législateur ne l'a pas voulu. Son activité et son intelligence ne sont pas employées à la recherche d'un bien matériel, mais à l'instruction, au développement moral de ses élèves.

N'écoute pas non plus ceux qui te diront : Fais-toi instituteur pour jouir de loisirs que n'a pas l'homme des champs ou l'ouvrier des villes, car la journée scolaire avec les œuvres qui en sont le complément obligé ne te laissera guère de repos. Compte le nombre de ces maîtres vieillis avant l'âge, usés par le dur labeur de l'enseignement, et tu verras que la quiétude, la tranquillité d'âme ou d'esprit ne sont pas toujours l'apanage des fonctions que tu envies.

Dis-toi bien, au contraire :

Pendant la plus grande partie de mon existence, je vais être obligé de vivre avec des enfants. Il me faudra beaucoup d'art et d'habileté, de patience et de dévouement pour manier et façonner tant d'esprits d'un caractère si différent ; les uns, à l'intelligence ouverte et éveillée ; les autres, à la conception lente et à la mémoire infidèle ; ceux-ci dociles, respectueux, polis ; ceux-là, au contraire, trop enclins à la paresse et à la désobéissance. Quelle que soit la différence de tempérament, je devrai les faire marcher de concert et les amener tous au même point. Ma tâche ne sera vraiment terminée que le jour où, remettant chacun d'eux à sa famille, je pourrai me rendre ce témoignage : il emporte de l'école des connaissances appropriées à ses futurs besoins, des idées claires, du jugement, de la réflexion. Il y a, en lui, l'honnête homme de demain, le bon citoyen, capable d'aimer son pays et de le bien servir.

Un mot encore.

J'aime à croire que l'élève que tu auras ainsi conduit de la lecture de l'alphabet jusqu'au bout des programmes officiels éprouvera pour toi un sentiment plus ou moins vif, plus ou moins durable de sympathie. Je ne voudrais pas cependant que tu comptes trop sur sa reconnaissance. Il est une constatation que tu pourras faire dans le cours de ta carrière ; c'est qu'en général, l'instituteur donne en affection beaucoup plus qu'il ne reçoit. Cela s'explique par la nature de l'enfant : sa légèreté, sa mobilité sont si grandes ; ses impressions sont si nombreuses qu'il a bientôt oublié la figure vénérable du maître qui a blanchi à lui donner ses soins.

Ne compte pas trop non plus sur la reconnaissance des parents. Certes, la plupart d'entre eux conserveront ton souvenir comme celui d'un homme de bien à qui l'on doit beaucoup. Tu recevras même la visite de plus d'un père de famille qui viendra te remercier, dans un langage simple, mais touchant, de tout ce que tu as fait pour son fils. Je dois t'avouer avec la même sincérité que tu rencontreras parfois l'injustice et l'ingratitude de l'ignorance. Il faudra, comme l'a dit Guizot, qu'un sentiment profond de l'importance morale de tes travaux te soutienne et t'anime, que l'austère plaisir d'avoir servi les hommes et secrètement contribué au bien public devienne le digne salaire que te donne ta conscience seule.

Si, après ces réflexions, ta résolution n'est pas ébranlée, si tu entends comme une voix s'élever du plus profond de toi-même et te dire :

« Qu'importe l'humble condition où tu vivras, si tu es sûr du lendemain.

« Qu'importe le labeur quotidien, si ta santé te permet l'enseignement.

« Qu'importe encore l'indifférence qui accueillera parfois tes soins les plus dévoués, si tu es certain d'avoir fait ton devoir et d'être même allé au delà des sacrifices qu'il t'imposait.

« Tu aimes les enfants et te plais avec eux.

« Leurs défauts n'ont rien qui puisse te rebuter.

« Tu veux former leur esprit, éveiller leur âme à tous les sentiments nobles et généreux.

« Tu as un idéal moral ; tu veux qu'ils en approchent.

« Sois instituteur. »

Ne résiste pas à son appel, car la voix qui te parle n'est autre que la vocation. On ne se repent jamais de trop de docilité à son égard. J'ajouterai qu'il y a des chances pour que tu sois, un jour, un bon maître et que la République te considère comme l'un de ses meilleurs serviteurs.

ALBERT LANTENOIS.

GUIDE DE L'INSTITUTEUR

L'INSTITUTEUR PREND POSSESSION D'UN POSTE COMMUNAL

INSTALLATION

Son premier soin sera de se faire installer dans son poste par le maire de la commune (Décret du 18 janvier 1887, art. 23). (1).

Il invitera celui-ci à dresser un procès-verbal d'installation et le signera conjointement avec lui.

Ci-après un modèle de procès-verbal d'installation :

« L'an mil neuf cent . . . ., le . . . ., à . . . . heures
« du . . . ., nous (prénoms et nom) . . . ., Maire de la
« commune de . . . ., avons installé dans les fonctions
« d'Instituteur . . . ., à l'école publique de . . . . de cette
« commune, M. (prénoms et nom), délégué ou nommé
« à cet effet, par arrêté de M. . . . ., en date du . . . .

« LE MAIRE, L'INSTITUTEUR,

Une copie de ce procès-verbal sera envoyée sans retard à l'inspecteur d'Académie, en vue du mandatement du traitement.

(1) Si le maire refuse de l'installer, le Préfet peut y procéder d'office par lui-même ou par un délégué (Conseil d'Etat, 8 mars 1901)

LES REGISTRES RÉGLEMENTAIRES

L'instituteur examinera ensuite si les registres suivants : 1° Registre matricule ; — 2° Registre d'appel ; — 3° Registre d'inventaire du mobilier de l'école et du matériel d'enseignement ; — 4° Registre d'inventaire du mobilier personnel, s'il y a lieu ; — 5° Catalogue des livres de la bibliothèque scolaire ; — 6° Registre des entrées et des sorties pour ces livres ; — (Registre destiné au médecin dans les écoles maternelles), existent bien à l'école ; nous lui rappelons que la fourniture de ces registres est à la charge de la commune (Décret du 29 janvier 1890, art. 5).

La liste annuelle d'inscription des élèves sera jointe à ces registres (Note ministérielle du 8 juin 1890).

RÉCOLEMENT

Il procédera, de concert avec le maire ou son délégué, au récolement du mobilier scolaire, de la bibliothèque scolaire, de la bibliothèque pédagogique, des archives scolaires, et, s'il y a lieu, de son mobilier personnel et de celui de ses adjoints (Règlement scolaire modèle, art. 11).

Les arbres du jardin seront inventoriés (Circulaire du 16 février 1872).

Le procès-verbal de ces opérations, signé par les deux parties, constituera l'instituteur responsable des objets désignés à l'inventaire.

ORGANISATION MATÉRIELLE DE L'ÉCOLE

Une bonne organisation matérielle facilitera sa tâche, rendra plus certaine la marche des études, contribuera à son succès. Dans ce domaine, rien n'est à négliger ; un maître intelligent et avisé ne l'ignore pas ; c'est pourquoi, dès son installation, il signale aux autorités municipales les défectuosités existant dans les locaux scolaires et leurs dépendances.

L'article 12 du décret du 18 janvier 1887 oblige d'ailleurs les communes à fournir à l'instituteur un local convenable, tant pour son habitation que pour la tenue de l'école, le mobilier de la classe et le matériel d'enseignement.

Vestiaire, classe, préau, cour de récréations, privés et urinoirs ; mobilier scolaire avec bureau, tables-bancs, craie et éponges, poêle, seau, objets indispensables à la propreté de l'école, porte-manteaux ; matériel d'enseignement à l'usage collectif ou individuel seront donc passés en revue ; l'instituteur consultera avec profit l'instruction spéciale du 18 janvier 1887 et le décret du 29 janvier 1890 sur l'installation, le mobilier et le matériel d'enseignement des écoles primaires élémentaires.

COMMENT REMÉDIER A UNE INSTALLATION DÉFECTUEUSE

1° *L'école*

Examinons le cas le plus fréquent, c'est-à-dire celui où le local scolaire, par suite de dégradations successives, a cessé d'être propre à l'usage auquel il était affecté.

La commune peut-elle être contrainte à exécuter des travaux d'appropriation ?

L'art. 19 du décret du 7 avril 1887 nous renseigne à ce sujet :

« Lorsque, pour une cause quelconque, le local dans lequel est installée une école ou une classe a cessé d'être propre à cet usage, le préfet, sur le rapport de l'inspecteur d'Académie, et après avis du Conseil départemental de l'Instruction publique, met la commune en demeure de faire dresser les plans et devis des travaux nécessaires à l'appropriation du local, et de pourvoir à la dépense. Il fixe le délai dans lequel les travaux doivent être exécutés.

« En cas de refus de la commune, il peut prononcer l'interdiction du local.

« Dans le cas où il s'agit d'une école ou d'une classe dont l'établissement donne lieu à une dépense obligatoire, si la commune refuse ou néglige de faire exécuter les travaux ou de fournir un autre local, le préfet pourvoit à l'exécution d'office. »

Il est bien entendu que, dans l'hypothèse où nous nous sommes placé, l'instituteur doit d'abord signaler l'installation défectueuse de l'école à l'inspecteur primaire : celui-ci est, de par le décret du 18 janvier 1887, chargé d'instruire toutes les affaires relatives à la construction des écoles publiques ; il adressera, s'il y a lieu, un rapport à l'inspecteur d'Académie, concluant à la nécessité des travaux de réfection ou d'appropriation.

2° *Le voisinage de l'école*

L'endroit où se trouve l'école doit être d'un accès *facile* et *sûr*, éloigné de tout établissement *bruyant*, *malsain* ou *dangereux*, à 100 mètres au moins des cimetières : telle est la disposition essentielle de l'art. 1er de l'Instruction spéciale du 18 janvier 1887. Son objet est de protéger, autant que possible, l'école contre tout voisinage de nature à nuire à la santé, à la moralité et aux études des élèves.

Qui peut assurer l'observation de cette prescription ?

Sans aucun doute, le maire, puisqu'il a dans ses attributions, la police municipale. En vertu de l'art. 97 de la loi du 5 avril 1884, il est en droit :

a) d'obliger les habitants de la commune à balayer et à nettoyer les rues, chacun au droit de sa maison ; de leur faire mettre la neige en tas pour en faciliter l'enlèvement ;

b) de les astreindre à enlever des rues, cours, passages et terrains dépendant de leur demeure les dépôts de fumier et d'immondices ;

c) de prendre des mesures pour faire cesser les encombrements qui empêchent ou diminuent la liberté et la sûreté du passage sur les voies publiques ;

d) de demander l'application stricte du règlement du service municipal qui interdit de laisser stationner sur les voies vicinales et leurs dépendances aucune voiture, aucun instrument aratoire, aucun troupeau, aucune bête de somme ou de trait ;

e) d'ordonner, dans l'intérieur des agglomérations, la clôture des terrains bordant la voie publique ;

f) de prescrire la réparation ou la démolition des maisons ou constructions situées sur la voie publique et menaçant ruine ;

g) d'assigner aux voitures des lieux de stationnement, de leur interdire même le passage de certaines rues, à certaines heures ou certains jours ;

h) de désigner un emplacement spécial pour les foires, marchés, fêtes et cérémonies publiques ;

i) de prendre, le Conseil municipal entendu, un arrêté pour déterminer les distances auxquelles les cafés, cabarets et débits de boisson ne pourront être établis autour de l'école ;

j) de réprimer tous les actes compromettant la tranquillité publique.

Comme on le voit, l'application de la loi du 5 avril 1884 permet au maire d'assurer le bon fonctionnement du service scolaire. Ajoutons qu'en diminuant les causes d'accidents, elle peut faire disparaître pour les maîtres une source d'inquiétudes.

Admettons cependant que le maire refuse ou néglige de prendre un arrêté sur l'un des objets confiés par la loi à sa vigilance et à son autorité : le préfet peut, dans ce cas, après l'en avoir requis, y procéder d'office par lui-même ou par un délégué spécial (Loi précitée, art. 85).

ORGANISATION PÉDAGOGIQUE

En cette matière, nous recommanderons à l'instituteur de lire attentivement l'arrêté organique et le règlement scolaire modèle du 18 janvier 1887, afin qu'il ne perde pas de vue les prescriptions qui lui sont imposées ni les limites dans lesquelles il peut se mouvoir.

Il y verra que toute organisation pédagogique doit nécessairement comprendre :

L'organisation des cours ; — le classement des élèves ; — la rédaction des programmes d'enseignement ; — le choix des méthodes ; — la rédaction de l'emploi du temps ; — la préparation quotidienne de la classe ; — l'établissement d'une bonne discipline.

1° Organisation des cours

L'enseignement dans les écoles primaires élémentaires est partagé en 3 cours : cours élémentaire, cours moyen, cours supérieur (1).

Une section enfantine peut exister pour les élèves au-dessous de 7 ans.

La constitution de ces trois cours est obligatoire dans toutes les écoles, quel que soit le nombre des classes et des élèves (Arrêté du 8 janvier 1887, art. 9 et 10).

---

(1) Pour le cours complémentaire, l'Instituteur se référera à l'arrêté du 25 janvier 1895, à l'arrêté du 18 janvier 1887, art. 24 à 3[illegible], au décret du 23 janvier 1897.

COURS SUPÉRIEUR

a) *L'école n'a qu'un maître.* — Une restriction toutefois s'impose en ce qui concerne le cours supérieur dans une école à un seul maître. La nécessité de grouper des élèves d'inégale force peut empêcher l'instituteur d'organiser un cours supérieur. L'inspecteur d'Académie, dans ce cas, est autorisé à ne pas appliquer l'article 9 de l'arrêté du 18 janvier 1887 (Circulaire du 21 décembre 1898).

b) *L'école compte deux maîtres.* — L'instituteur examinera si un groupement différent des élèves ne lui permettrait pas l'établissement du cours supérieur. — La recommandation est plus expresse (même circulaire).

c) *L'école a trois maîtres.* — Toutes les écoles qui possèdent au moins trois maîtres devraient avoir un cours supérieur à l'état de section, ou plutôt de classe spéciale, selon la répartition adoptée dans chaque établissement pour les élèves, et, dans cette classe, devraient être appliqués les programmes du cours supérieur (même circulaire). — Il y a, cette fois, obligation formelle.

DIVISION DES COURS

Dans les écoles qui n'ont qu'un maître et qu'une classe, il ne peut être établi aucune division ni dans le cours moyen ni dans le cours supérieur ; il n'en peut être établi plus de deux pour les enfants au-dessous de 9 ans.

Dans les écoles qui n'ont que deux maîtres, l'un est chargé du cours moyen et du cours supérieur, l'autre du cours élémentaire, y compris, s'il y a lieu, la section des enfants au-dessous de 7 ans.

Dans les écoles qui ont trois maîtres, chaque cours forme une classe distincte.

Dans les écoles à quatre classes, le cours élémentaire compte deux classes, chacun des deux autres cours une seule classe.

Dans les écoles à cinq classes, le cours élémentaire compte deux classes, le cours moyen deux, le cours supérieur une.

Dans les écoles à six classes, chacun des trois cours forme deux classes, à moins que le nombre des élèves du cours supérieur ne permette de les réunir en une seule classe (Arrêté du 18 janvier 1887, art. 11).

Toutes les fois qu'un même cours comprend deux classes, l'une forme la première année du cours, l'autre la seconde (même arrêté, art. 12).

Ces deux classes suivent le même programme ; mais les leçons et les exercices sont gradués de telle sorte que les élèves puissent dans la seconde année revoir, approfondir et compléter les études de la première (même arrêté, art. 12).

Au-dessus de six classes, quel que soit le nombre des maîtres, aucun cours ne doit former plus de deux années. Les classes en plus du nombre de six, non compris la section enfantine, sont des classes parallèles destinées à dédoubler l'effectif, soit de la première, soit de la seconde année (même arrêté, art. 13).

Comment le nombre de classes peut-il être réduit?

Le Conseil départemental peut supprimer d'office, malgré l'avis contraire des Conseils municipaux et sous réserve de l'approbation ministérielle, un emploi d'instituteur dans les écoles qui, ayant deux classes, reçoivent moins de 50 élèves ; trois classes, moins de 80 ; quatre classes, moins de 120 ; cinq classes, moins de 160 ; six classes, moins de 200 (Loi du 30 mai 1899, art. 36).

DURÉE DES ÉTUDES DANS CHAQUE COURS

La durée des études se divise comme il suit :

Section enfantine : un ou deux ans, suivant que les enfants entrent à 6 ans ou à 5 ans ;

Cours élémentaire : deux ans, de 7 à 9 ans ;

Cours moyen : deux ans, de 9 à 11 ans ;

Cours supérieur : deux ans, de 11 à 13 ans (même arrêté, art. 10).

2° Classement des élèves

Chaque année, à la rentrée, les élèves, suivant leur degré d'instruction, sont répartis par le directeur dans les diverses classes des trois cours sous le contrôle de l'inspecteur primaire.

Le certificat d'études primaires donne droit à l'entrée dans le cours supérieur (Arrêté du 18 janvier 1887, art. 14).

Toutefois, un élève non pourvu du certificat d'études peut être admis dans le cours supérieur s'il possède toutes les matières du cours moyen. Il est évident que ce classement doit être fait également par l'instituteur chargé d'une école à une seule classe.

3° Les programmes d'enseignement

Les cours sont organisés et les élèves classés. Deux questions se posent maintenant à l'esprit du maître : quelles matières enseignera-t-il dans chacun des trois cours ? Comment fera-t-il l'éducation de l'enfant ?

Les programmes annexés à l'arrêté du 18 janvier 1887 lui donnent, à cet égard, des indications précieuses qu'il devra utiliser dans sa répartition trimestrielle ou mensuelle des matières d'enseignement.

Cette répartition est nécessaire s'il veut atteindre le but prescrit dans les programmes officiels sans trop précipiter ou ralentir sa marche.

Il se souviendra toutefois que divers arrêtés ou circulaires ont légèrement modifié ces programmes :

Gymnastique. — Arrêté du 8 août 1890.

Exercices militaires. — Arrêté du 27 juillet 1893. — Circulaire du 16 août 1895.

Histoire. — Arrêté du 4 janvier 1894.

Agriculture. — Plan de cours. — Circulaires des 4 janvier 1897 et 12 mai 1898.

Enseignement anti-alcoolique. — Arrêté du 9 mars 1897.

Travail manuel (filles). — Arrêté du 17 septembre 1898.

Leçons de choses (Ecoles du littoral). — Arrêté du 20 septembre et circulaire du 22 septembre 1898.

Syntaxe française. — Arrêté du 26 février et circulaire du 28 février 1901.

4° Le choix des méthodes

Comment l'Instituteur fera-t-il l'éducation de l'enfant?

« L'éducation que la nation donne aux enfants de la République est en même temps physique, intellectuelle et morale ; en un mot, elle embrasse tout l'homme. » LAKANAL.

1° L'ÉDUCATION PHYSIQUE

Son double but

L'éducation physique a un double but : d'une part, fortifier le corps, affermir le tempérament de l'enfant, le placer dans les conditions hygiéniques les plus favorables à son développement physique en général ; d'autre part, lui donner de bonne heure ces qualités d'adresse et d'agilité, cette dextérité de la main, cette promptitude et cette sûreté de mouvements qui, précieuses pour tous, sont plus particulièrement nécessaires aux élèves des écoles primaires, destinés pour la plupart à des professions manuelles. Sans perdre son caractère essentiel d'établissement d'éducation et sans se changer en atelier, l'école primaire peut et doit faire aux exercices du corps une part suffisante pour préparer et prédisposer, en quelque sorte, les garçons aux futurs travaux de l'ouvrier et du soldat, les filles aux soins du ménage et aux ouvrages de femme.

Sa méthode

La marche de l'enseignement est réglée avec le plus grand détail pour la gymnastique et les exercices militaires par les manuels en usage.

Pour le travail manuel des garçons, les exercices se répartissent en deux groupes : l'un comprend les divers exercices destinés d'une façon générale à délier les doigts et à faire acquérir la dextérité, la souplesse, la rapidité et la justesse des mouvements, l'autre groupe comprend les exercices gradués de modelage qui servent de complément à l'étude correspondante du dessin, et particulièrement du dessin industriel.

Le travail manuel des filles, outre les ouvrages de couture et de coupe, comporte un certain nombre de leçons, de conseils, d'exercices au moyen desquels la maîtresse se proposera, non pas de faire un cours régulier d'économie domestique, mais d'inspirer aux jeunes filles, par un grand nombre d'exemples pratiques, l'amour de l'ordre, de leur faire acquérir les qualités sérieuses de la femme de ménage et de les mettre en garde contre les goûts frivoles ou dangereux (Programmes officiels de 1887).

2° L'ÉDUCATION INTELLECTUELLE

Son objet

L'éducation intellectuelle, telle que peut la faire l'école primaire publique, est facile à caractériser.

Elle ne donne qu'un nombre limité de connaissances. Mais ces connaissances sont choisies de telle sorte que non seulement elles assurent à l'enfant tout le savoir pratique dont il aura besoin dans la vie, mais encore, elles agissent sur ses facultés, forment son esprit, le cultivent, l'étendent et constituent vraiment une éducation.

L'instruction primaire, en raison de l'âge des élèves et des carrières auxquelles ils se destinent, n'a ni le temps ni les moyens de leur faire parcourir un cycle d'études égal à celui de l'enseignement secondaire ; ce qu'elle peut faire pour eux, c'est que leurs études leur profitent autant et leur rendent, dans une sphère plus humble, les mêmes services que les études secon-

daires aux élèves des lycées ; c'est que les uns comme les autres emportent de l'enseignement public d'abord une somme de connaissances appropriées à leurs futurs besoins, ensuite et surtout de bonnes habitudes d'esprit, une intelligence ouverte et éveillée, des idées claires, du jugement, de la réflexion, de l'ordre et de la justesse dans la pensée et dans le langage. « L'objet de l'ensei-
« gnement primaire — comme on l'a très justement dit — n'est
« pas d'embrasser, sur les diverses matières auxquelles il touche,
« tout ce qu'il est possible de savoir, mais de bien apprendre,
« dans chacune d'elles, ce qu'il n'est pas permis d'ignorer. »

O. GRÉARD.

Sa méthode

La seule méthode qui convienne à l'enseignement primaire est celle qui fait intervenir tour à tour le maître et les élèves, qui entretient pour ainsi dire entre eux et lui un continuel échange d'idées sous des formes variées, souples et ingénieusement graduées. Le maître part toujours de ce que les enfants savent, et, procédant du connu à l'inconnu, du facile au difficile, il les conduit par l'enchaînement des questions orales ou des devoirs écrits à découvrir les conséquences d'un principe, les applications d'une règle, ou inversement les principes et les règles qu'ils ont déjà inconsciemment appliqués.

En tout enseignement, le maître, pour commencer, se sert d'objets sensibles, fait voir et toucher les choses, met les enfants en présence de réalités concrètes, puis peu à peu les exerce à en dégager l'idée abstraite, à comparer, à généraliser, à raisonner sans le secours d'exemples matériels (Programmes officiels de 1887.)

L'ÉDUCATION MORALE

Son but

Cette éducation n'a pas pour but de faire *savoir*, mais de faire *vouloir* ; elle émeut plus qu'elle ne démontre ; devant agir sur l'être sensible, elle procède plus du cœur que du raisonnement ; elle n'entreprend pas d'analyser toutes les raisons de l'acte moral, elle cherche avant tout à le produire, à le répéter, à en faire une habitude qui gouverne la vie. A l'école primaire surtout, ce n'est pas une science, c'est un art, l'art d'incliner la volonté libre vers le bien.

Caractère à donner à l'enseignement moral

C'est assez dire que les moyens à employer ne peuvent être semblables à ceux d'un cours de science ou de grammaire. Ils doivent être non seulement plus souples et plus variés, mais plus intimes, plus émouvants, plus pratiques, d'un caractère tout ensemble moins didactique et plus grave.

L'Instituteur ne saurait trop se représenter qu'il s'agit pour lui de former chez l'enfant le sens moral, de l'aiguiser, de le redresser parfois, de l'affermir toujours; et, pour y parvenir, le plus sûr moyen dont dispose un maître qui n'a que si peu de temps pour une œuvre si longue, c'est d'exercer beaucoup, et avec un soin extrême, ce délicat instrument de la conscience. Qu'il se borne aux points essentiels, qu'il reste élémentaire, mais clair, mais simple, mais impératif et persuasif tout ensemble. Il doit laisser de côté les développements qui trouveraient leur place dans un enseignement plus élevé; pour lui, la tâche se borne à accumuler, dans l'esprit et dans le cœur de l'enfant qu'il entreprend de façonner à la vie morale, assez de beaux exemples, assez de bonnes impressions, assez de saines idées, d'habitudes salutaires et de nobles aspirations pour que cet enfant emporte de l'école, avec son petit patrimoine de connaissances élémentaires, un trésor plus précieux encore : une conscience droite.

Deux choses sont expressément recommandées aux maîtres. D'une part, pour que l'élève se pénètre de ce respect de la loi morale qui est à lui seul toute une éducation, il faut premièrement que, par son caractère, par sa conduite, par son langage, il soit lui-même le plus persuasif des exemples. Dans cet ordre d'enseignement, ce qui ne vient pas du cœur ne va pas au cœur. Un maître qui récite des préceptes, qui parle du devoir sans conviction, sans chaleur, fait bien pis que perdre sa peine; il est en faute.

Un cours de morale régulier, mais froid, banal, sec, n'enseigne pas la morale parce qu'il ne la fait pas aimer.

D'autre part, le maître devra éviter comme une mauvaise action tout ce qui, dans son langage ou son attitude, blesserait les croyances religieuses des enfants, tout ce qui porterait le trouble dans leur esprit, tout ce qui trahirait de sa part envers une opinion quelconque un manque de respect ou de réserve.

La seule obligation à laquelle il soit tenu — et elle est compatible avec le respect de toutes les croyances, — c'est de surveiller d'une façon pratique et paternelle le développement moral de ses élèves, avec la même sollicitude qu'il met à suivre leurs progrès scolaires; il ne doit pas se croire quitte envers aucun d'eux s'il n'a fait autant pour l'éducation du caractère que pour celle de l'intelligence. A ce prix seulement, l'Instituteur aura mérité le titre d'*éducateur*, et l'instruction le nom d'*éducation libérale*, (Programmes officiels de 1882 et de 1887).

5° Emploi du temps

Il ne suffit pas de répartir les matières d'enseignement mois par mois. Il faut déterminer la durée qui sera réservée à chacune d'elles dans la journée scolaire; en un mot, régler l'emploi du temps.

Quand doit-il être dressé? — Au commencement de chaque année scolaire, le tableau de l'emploi du temps par jour et par heure est dressé par le directeur de l'école, et, après approbation de l'inspecteur primaire, il est affiché dans les salles de classe (Arrêté du 18 janvier 1887, art. 18).

A quelles conditions doit-il satisfaire? — La répartition des exercices doit satisfaire aux conditions générales déterminées dans l'arrêté du 18 janvier 1887, art. 19, et le Règlement scolaire modèle du même jour, art. 6 et 8.

6° Préparation de la classe

Si un bon emploi du temps et un programme d'études rationnelles peuvent contribuer à assurer les progrès de l'enseignement, c'est à la condition que l'instituteur préparera sa classe à l'avance, afin de mesurer exactement la difficulté, l'étendue des leçons et des devoirs sur le degré d'instruction de ses élèves et de n'éprouver jamais aucune hésitation dans les explications qu'il est obligé de leur fournir (Circulaire du 18 novembre 1871).

Cette préparation sera-t-elle mentale ou écrite?

Journal de classe. — La tenue du journal de classe a été supprimée par l'arrêté du 14 octobre 1881, mais la circulaire du même jour fait remarquer que les bons instituteurs n'en continueront pas moins de faire chaque jour, avec le même soin, avant d'entrer en classe, le choix des textes, des exemples, des exercices qu'ils comptent donner, de lire d'avance les morceaux qu'ils devront expliquer, de rassembler les objets dont ils auront besoin pour la leçon, de régler enfin la marche de l'enseignement.

7° Discipline

L'organisation matérielle n'a pas été négligée.

Chaque élève est muni des objets nécessaires au travail de la classe.

Si les différents exercices de la journée scolaire ont été prévus dans une préparation consciencieuse, il y a beaucoup de chances pour que la discipline ne laisse pas à désirer.

Le maître doit cependant compter avec les élèves plus ou moins dociles, plus ou moins obéissants ; d'où la nécessité d'un système de récompenses et de punitions.

Toute latitude est laissée à l'instituteur dans l'usage des récompenses ; en ce qui concerne les punitions, l'art. 19 du Règlement scolaire modèle prévoit les suivantes :

« Les mauvais points ;

« La réprimande ;

« La privation partielle de la récréation ;

« La retenue après la classe, sous la surveillance de l'instituteur ;

« L'exclusion temporaire ;

« Cette dernière peine ne pourra dépasser trois jours. Avis en sera donné immédiatement par l'instituteur aux parents de l'enfant, aux autorités locales et à l'inspecteur primaire ;

« Une exclusion de plus longue durée ne pourra être prononcée que par l'inspecteur d'académie ».

Complément indispensable de l'organisation matérielle et de l'organisation pédagogique

Afin d'éviter les tâtonnements dans sa tâche quotidienne, il affichera en un endroit très apparent de la classe :

Les programmes et l'emploi du temps ; — le règlement scolaire du département ; — la liste des morceaux de récitation ; — la liste des morceaux de chant ; — le tableau des devoirs mensuels ; — le tableau des divisions et subdivisions du musée scolaire.

Il y joindra également :

Le tableau du prix des fournitures classiques (Règlement scolaire modèle, art. 12) ; — l'instruction relative à la caisse d'épargne scolaire (Décret du 30 novembre 1882) ; — l'instruction pratique concernant la Caisse nationale des retraites (Loi du 20 juillet 1886, art. 27) ; — la loi Grammont (Circulaire du 10 novembre 1894) ; — le règlement de la bibliothèque scolaire (Arrêté du 1er juin 1862, art. 14) ; — le commentaire de la loi du 2 novembre 1892 sur le travail des enfants dans l'industrie (Circulaire du 22 octobre 1902) ; — l'affiche sur la préservation contre la tuberculose (Circulaire du 20 octobre 1902) ; — les statuts des diverses sociétés existant à l'école ; — des pensées morales et maximes anti-alcooliques ; — la Déclaration des Droits de l'homme et du citoyen ; — des gravures représentant les enfants du peuple célèbres dans l'histoire ; — des paysages géographiques, pour jeter une note gaie dans l'ensemble des cartes et tableaux nécessaires à l'enseignement.

HORS DE L'ÉCOLE

Sortons maintenant de l'école pour voir, dans l'instituteur déplacé, l'électeur, le contribuable et le soldat d'hier.

L'électorat

L'instituteur peut être électeur dans la commune où il exerce ses fonctions sans justifier de six mois de résidence, *mais il ne peut être inscrit d'office sur la liste électorale postérieurement au 15 janvier.* Après cette date, *il doit demander lui-même* son inscription dans le délai de 20 jours ouvert à tous les électeurs, du 15 janvier au 4 février. S'il arrive dans la commune postérieurement au 4 février, il ne peut être porté que sur les listes de l'année suivante (Cour de Cassation, 13 mai 1885 ; — 25 mai 1887).

Les contributions

Un chapitre entier de notre Guide a pour objet : *L'instituteur contribuable* ; le lecteur voudra bien s'y reporter.

Une obligation militaire

Dans le cas d'un changement de domicile ou de résidence, tout homme est tenu de faire viser, dans le délai d'un mois, son livret individuel par la gendarmerie dont relève la localité où il transporte son domicile ou sa résidence (Loi du 31 mars 1905, art. 45).

L'INSTITUTEUR A TERMINÉ L'ORGANISATION MATÉRIELLE ET L'ORGANISATION PÉDAGOGIQUE DE L'ÉCOLE. — IL CONSULTE LE RÈGLEMENT SCOLAIRE

Le maître, après avoir jeté les bases de l'organisation matérielle et de l'organisation pédagogique de l'école, consulte le Règlement scolaire départemental. — C'est pour le guider dans cet examen que nous commentons le Règlement scolaire modèle du 18 janvier 1887, les décrets, arrêtés et circulaires qui en ont modifié ou étendu les prescriptions.

COMMENTAIRE DU RÈGLEMENT

La Salle de classe. — Sa destination.

La salle de classe est affectée à l'instruction des enfants d'âge scolaire : telle est la destination que lui assigne le règlement du 18 janvier 1887 [1].

Par ce mot instruction, on doit entendre celle qui est déterminée par les articles 4 et 27 du décret du 18 janvier 1887. Il n'est pas fait mention, dans ces articles, de l'enseignement religieux qui ne peut être donné — nous

(1) Le Préfet peut accidentellement et exceptionnellement disposer des locaux scolaires pour assurer un service public, mais il ne lui est pas permis de le faire pour un objet étranger à ce service et en dehors d'un accord avec l'autorité municipale (Conseil d'État, 7 août 1903, — 31 mars 1905, — 7 août 1905).

le verrons plus loin — qu'en dehors de l'édifice scolaire, c'est-à-dire en dehors de l'école et de ses dépendances (Loi du 28 mars 1882, art. 2).

« Aucun service étranger à l'école ne peut être installé dans les bâtiments scolaires.

« Dans les communes où le même bâtiment contient l'école et la mairie, les deux services doivent être complètement séparés (Instruction spéciale du 18 janvier 1887, art. 4).

« Toute représentation théâtrale est interdite dans les écoles publiques (Règlement scolaire modèle, art. 15).

« La garde de la classe est commise à l'instituteur.

« Il ne permettra pas qu'on la fasse servir à aucun usage étranger à sa destination sans une autorisation du préfet (Même règlement, art. 3). »

Voilà un ensemble de prescriptions que l'instituteur ne peut ignorer : si donc la salle de classe lui est demandée pour une fête, une répétition musicale, une réunion quelconque, il devra invoquer les dispositions précédentes, et laisser au maire le soin de solliciter auprès du préfet l'autorisation exigée par l'article 3 du règlement scolaire.

Cette formalité devra même être remplie lorsqu'une distribution de prix aura lieu à l'école et présentera le caractère d'une solennité à laquelle les parents des élèves et les amis de l'enseignement seront conviés.

Dans ces dernières années, la salle d'école a été utilisée comme salle de cours, de conférences pour les adultes : nous n'insisterons pas sur cet usage, qui est toujours autorisé d'ailleurs avec la création du cours ou l'organisation des conférences populaires.

Envisageons maintenant les cas particuliers où elle peut être occupée sans une autorisation spéciale du préfet.

Adjudications. — Les officiers ministériels peuvent faire usage des salles d'école pour les adjudications publiques pourvu que ces adjudications n'aient lieu que les jeudis et dimanches, ou, à la rigueur, les autres jours après 4 heures.

Les communes sont en droit d'exiger des notaires, au bénéfice de la caisse des écoles, une redevance, fixée ainsi qu'il suit, par jour de séance :

5 fr. pour une adjudication de 1 000 fr. et au-dessus, quel que soit le nombre de lots ;

2 fr. 50 si la somme est inférieure à 1 000 fr. (Circulaire du 30 août 1892).

Logement des troupes. — Les écoles de garçons, quelle qu'en soit la nature, doivent être mises à la disposition des troupes chaque fois que les municipalités jugent devoir y recourir pour le logement ou le cantonnement. Toutefois, cette occupation ne peut jamais s'étendre à la partie des locaux effectivement habitée par les élèves présents, et le directeur doit toujours être consulté par les autorités municipales sur la quantité d'hommes que peut recevoir son établissement pendant la période de scolarité.

Quant aux écoles de filles, elles bénéficient des dispositions du règlement d'administration publique du 23 novembre 1886 concernant les établissements occupés par des femmes ou des filles vivant seules. Aux termes dudit règlement, tout établissement de cette catégorie est considéré comme non soumis à la charge du logement en nature et comme ne devant fournir le cantonnement que dans les bâtiments qui peuvent être complètement isolés des locaux occupés par l'habitation (Circulaire du 3 mai 1893).

SON ENTRETIEN

Elle devra être blanchie et lessivée tous les ans, tenue dans un état constant de propreté et de salubrité. A cet effet, elle sera balayée et arrosée tous les jours ; l'air y sera renouvelé fréquemment ; même en hiver, les fenêtres seront ouvertes pendant l'intervalle des classes (Règlement scolaire du 18 janvier 1887 art. 13).

Le règlement modèle du 18 août 1893 est plus exigeant encore :

..... Pendant la durée des récréations et, le soir, après le départ des élèves, les classes doivent être aérées par l'ouverture de toutes les fenêtres (art. 3).

Le nettoyage du sol ne doit pas être fait à sec par le balayage, mais au moyen d'un linge ou d'une éponge mouillée promenée sur le sol (art. 4). — L'affiche sur la préservation contre la tuberculose (Circulaire du 20 octobre 1901) ajoute que l'on peut utiliser la sciure humide.

Hebdomadairement, il est fait un lavage du sol à grande eau et avec un liquide antiseptique. — Un lavage analogue des parois doit être fait au moins 2 fois par an, notamment aux vacances de Pâques et aux grandes vacances (Règlement du 18 août 1893, art. 5).

LA COMMUNE EST-ELLE TENUE DE VOTER UN CRÉDIT POUR LE BALAYAGE, LE NETTOYAGE DES SALLES DE CLASSE ET DE LEURS DÉPENDANCES?

Les travaux quotidiens du balayage et du nettoyage font partie des occupations des gens de service dont parle le quatrième paragraphe de l'art. 4 de la loi du 19 juillet 1889, et, par conséquent, la dépense n'en est obligatoire qu'en ce qui concerne les écoles maternelles (1). Assurément, les maîtres et les maîtresses des écoles primaires ne sauraient être tenus de ces soins ; d'un autre côté, il ne conviendrait pas de les imposer aux élèves comme punition ; mais si les travaux dont il s'agit ne doivent pas être présentés aux enfants comme punition, ils peuvent l'être comme un devoir social qu'ils ont à accomplir dès que leurs forces physiques le leur permettent (Lettre ministérielle du 31 juillet 1902).

Le mobilier scolaire.

Il est à la charge des communes (Loi du 19 juillet 1889, art. 4).

Sa composition n'est pas réglementée, et l'instruction spéciale du 18 janvier 1887, art. 46, qui entre dans l'énumération des objets, n'oblige pas les communes.

---

(1) Elle va l'être, dans les communes de 1000 habitants agglomérés au moins, pour toutes les écoles (projet de loi).

A cette question du mobilier scolaire se rattache celle des emblèmes religieux que nous ne pouvons passer sous silence.

L'INSTITUTEUR DOIT-IL ENLEVER LES EMBLÈMES RELIGIEUX DE L'ÉCOLE ?

Un texte renferme la réponse à la question posée : c'est la circulaire du Ministre de l'Instruction publique en date du 2 novembre 1882 :

« Je vous autorise, M. le Préfet, à ne prescrire l'enlèvement que quand et comme vous le jugerez à propos. Il ne faut pas que la rigueur de la logique, les injonctions des uns, les pétitions des autres vous forcent à prendre des mesures intempestives et vous exposent à porter le trouble dans les familles ou les écoles. Je vous donne toute latitude pour tenir compte à cet égard du vœu des populations en recourant, pour le connaître, à tous les moyens d'information dont vous disposez.

« Quant aux instituteurs, je vous prie de leur faire, en mon nom, une seule recommandation, mais absolument formelle. Je leur interdis, de la manière la plus expresse, une intervention, une initiative quelconque en cette matière. Ils s'abstiendront également soit d'établir, soit d'enlever des emblèmes *proprio motu*, soit de prendre part à des pétitions ou manifestations pour ou contre le maintien de ces objets. A cet égard, et en général, en tout ce qui touche aux questions religieuses, c'est un devoir strict pour l'Instituteur de rester scrupuleusement étranger à toutes les polémiques et d'attendre les ordres de ses chefs. »

Le matériel d'enseignement

L'acquisition, l'entretien et le renouvellement du matériel d'enseignement, dans les écoles primaires, constituent une dépense à la charge de la commune (Loi du 19 juillet 1889, art. 4).

Mais quelle doit être la composition de ce matériel ?

Le matériel obligatoire d'enseignement, à usage collectif, est-il dit à l'article 1er du décret du 29 janvier 1890, comprend :

Un tableau noir avec ses accessoires ;

Une armoire-bibliothèque pour le dépôt des cahiers, des livres, des documents administratifs et des fournitures scolaires ;

Un tableau du système métrique ;

Une carte murale de France ;

Dans les écoles de filles, l'étoffe nécessaire à l'enseignement élémentaire de la couture.

Il est facile de voir, par cette énumération, que le décret du 29 janvier 1890 n'exige de la commune *que le minimum des objets indispensables à l'enseignement.*

L'instruction spéciale du 18 janvier 1887 était allée plus loin et, sans obliger les municipalités, avait mentionné en son article 46 :

« Une méthode de lecture en tableaux ;

« Des cartes géographiques : le département, l'Europe, la mappemonde ou le planisphère ;

« Les outils les plus simples des principaux métiers ;

« Les objets et les matières premières nécessaires pour l'enseignement des travaux manuels conformément aux programmes ;

« Des fusils scolaires et un râtelier pour ces fusils ;

« Des agrès et appareils de gymnastique : portique, petit mât, haltères, anneaux, échelles, corde à nœuds, barres à suspension, barres parallèles fixes, poutre horizontale, perches, bâtons, trapèze. »

Dans la majorité des écoles, le matériel d'enseignement n'est pas établi en conformité de cette instruction ; quelquefois même il est absolument insuffisant. Nous devons donc examiner :

COMMENT L'INSTITUTEUR PEUT COMPLÉTER OU ENRICHIR LE MATÉRIEL D'ENSEIGNEMENT DE SON ÉCOLE

a) — Il peut amener le Conseil municipal à voter un crédit destiné à l'achat des objets nécessaires ;

b) — Si le budget de la commune ne lui permet pas

le vote de ce crédit, le Conseil municipal demandera, dans une délibération, une concession de matériel d'enseignement soit au ministre de l'Instruction publique, soit au département si le Conseil général vote un crédit à cet effet ;

c) — Au cas où le Conseil municipal se désintéresserait de cette question, l'instituteur aurait toujours la ressource d'entretenir l'inspecteur primaire, lors de son passage à l'école, de la nécessité d'une concession de matériel. Après l'avoir reconnue *de visu*, l'inspecteur indiquera, dans une note spéciale, les différents objets à acquérir et cette note sera transmise directement au ministère de l'Instruction publique par les soins de l'inspection académique ;

d) — Enfin, le maître fera bien de s'ouvrir, auprès du délégué cantonal et des notabilités de sa commune, des besoins de l'école qu'il dirige. Sa demande bénéficiera toujours de l'appui de ces personnes dévouées à l'enseignement. Peut-être se trouvera-t-il parmi elles un généreux donateur, heureux de pourvoir l'école du matériel indispensable !

CONCESSIONS LE PLUS FRÉQUEMMENT ACCORDÉES

Cartes géographiques de France et d'Europe.

Mappemondes et planisphères.

Tableau de système métrique ; nécessaire-métrique.

Tableaux d'histoire naturelle ; matériel scientifique pour les cours complémentaires.

Collection de modèles pour l'enseignement du dessin à l'usage des cours complémentaires et des écoles primaires supérieures (1).

---

(1) Les demandes de concession doivent être limitées aux communes qui ne disposent que de ressources insuffisantes pour l'acquisition du matériel d'enseignement (Circulaire du 21 février 1903).

AUTRES CONCESSIONS ACCORDÉES PAR LE MINISTÈRE DE L'INSTRUCTION PUBLIQUE

a) Enseignement de la gymnastique. — « L'Administration de l'Instruction publique continue, dans la limite des ressources dont elle dispose, à venir en aide aux communes qui ont déjà fait des sacrifices pour l'enseignement de la gymnastique. Les concessions accordées par le ministère se composent des agrès suivants :

1° Une paire d'échelles jumelles ;

2° Une paire de cordes lisses ;

3° Une corde lisse à lutter de 10 mètres. » (Circulaire du 15 décembre 1891.)

b) Enseignement de la musique. — Les concessions d'harmoniums sont accordées, à titre de récompense exceptionnelle, aux écoles primaires élémentaires où l'enseignement du chant a donné les meilleurs résultats. Les demandes sont instruites par MM. les inspecteurs d'Académie et examinées par l'inspection générale.

ACCUSÉ DE RÉCEPTION DES OBJETS

Les instituteurs doivent remettre à l'Inspecteur primaire, dans le plus court délai, les formules imprimées indiquant le détail des objets reçus (Circulaire du 21 février 1903).

CONSERVATION DU MATÉRIEL

Une circulaire en date du 4 mai 1897 a recommandé aux instituteurs de veiller à la conservation des cartes et tableaux accordés à leur école.

Distribution et emploi des heures de classe

1° EN CE QUI CONCERNE LES ÉLÈVES

L'arrêté du 18 janvier 1887, en son article 19, prévoit 30 heures de classe et le Règlement scolaire modèle fixe à 3 heures le matin, 3 heures le soir la durée de la journée scolaire.

« La classe du matin commencera à 8 heures et celle de l'après-midi à 1 heure. Toutefois, suivant les besoins des localités, les heures d'entrée et de sortie pourront être modifiées par l'inspecteur d'Académie sur la demande des autorités locales et l'avis de l'inspecteur primaire. » (Règlement scolaire du 18 janvier 1887, art. 6.)

Le Conseil départemental pourra même, après avis du Conseil municipal et sur la proposition de l'inspecteur d'Académie, autoriser dans une commune ou une section de commune l'établissement d'écoles de demi-temps.

En ce cas, le directeur de l'école divisera par cours les élèves en deux groupes. La classe aura lieu, pour l'un de ces groupes, le matin de 8 heures à 11 heures ; pour l'autre, le soir de 1 heure à 4 heures. — Les parents qui en feront la demande auront la faculté de faire suivre à leurs enfants les deux classes de la journée.

Il est évident que ces dispositions n'ont été prises que dans le but de faciliter la fréquentation scolaire, mais elles n'affaiblissent en rien le principe de l'obligation posé par le législateur : une circulaire du 10 novembre 1888 a même énuméré les moyens d'assurer la régularité de la fréquentation des écoles primaires publiques par les enfants assistés ; la loi du 2 novembre 1892 a limité à 10 heures par jour la durée du travail des enfants employés dans l'industrie au-dessous de l'âge de 16 ans, ne permettant de les faire travailler entre 12 et 13 ans que s'ils sont munis du C. E. P. E. ; la circulaire du 1er octobre 1901 a insisté sur la réorganisation des commissions scolaires et demandé l'application effective de la loi du 28 mars 1882.

Des prescriptions ont été édictées, d'ailleurs, pour que l'instruction soit donnée aux élèves sans entraves, ni pertes de temps, ni distractions d'aucune sorte.

Catéchisme. — 1re communion. — « Les enfants ne pourront être, sous aucun prétexte, détournés de leurs études pendant la durée des classes. Ils ne seront envoyés à l'église pour les catéchismes ou pour les exercices religieux qu'en dehors des heures de classe.

« Toutefois, pendant la semaine qui précède la première communion, l'instituteur autorisera les élèves à quitter l'école aux heures où leurs devoirs religieux les appellent à l'église. » (Règlement scolaire, art. 5.)

Assistance des élèves aux funérailles d'une personne ayant rang dans la hiérarchie des fonctions publiques. — Consulté sur cette question, le ministre a répondu le 17 décembre 1891 :

« Toute manifestation étrangère à la vie scolaire des enfants est en dehors des attributions du maître, de l'objet propre de l'établissement et des prévisions des parents.

« La seule exception à faire est le cas où il s'agirait pour les élèves de rendre les derniers devoirs à l'un de leurs maîtres ou à l'une des autorités préposées à l'inspection des écoles. La participation aux funérailles n'est alors de leur part qu'un témoignage naturel et presque nécessaire de reconnaissance ou de respect envers ceux auxquels leurs familles les ont confiés. »

Réunions et conférences. — Il est formellement interdit aux instituteurs publics de conduire leurs élèves aux réunions et conférences offrant un caractère politique, quel que soit d'ailleurs l'orateur qui doive prendre la parole (Circulaire du 18 novembre 1883).

Mentionnons cependant deux dérogations à l'article 5 précité :

Excursions scolaires. — Les excursions scolaires ayant un caractère scientifique, historique ou géographique peuvent être autorisées, pendant les heures de classe, par l'inspecteur primaire, car elles contribuent à l'instruction des élèves. Indication du jour et de l'heure sera donnée.

Nous rappelons, à ce sujet, que les compagnies de chemins de fer accordent généralement une réduction de 50 % sur le prix des places aux élèves qui se rendent en promenade ou en excursion, ainsi qu'aux maîtres qui les accompagnent, pourvu que le groupe se compose de 10 personnes au moins, ou paye pour ce nombre. C'est aux chefs d'exploitation qu'il convient d'adresser les demandes de réduction.

Hannetonnage. — Il peut être pratiqué par les élèves, chaque matin, pendant la saison propice. — L'instituteur verra s'il y a lieu de faire modifier les heures d'entrée et de sortie conformément à l'article 6 du Règlement scolaire.

2° EN CE QUI CONCERNE LE MAITRE

Pendant la durée de la classe, l'instituteur ne pourra, sous aucun prétexte, être distrait de ses fonctions professionnelles, ni s'occuper d'un travail étranger à ses devoirs scolaires (Règlement scolaire du 18 janvier 1887, art. 4).

Toutefois, il devra participer aux opérations de classement des animaux de réquisition alors même qu'elles auraient lieu pendant les heures de classe (Circulaires des 2 octobre 1880, 25 juillet 1883 et 30 avril 1895).

Il ne peut prendre part aux opérations vaccinales pendant les heures de classe qu'après autorisation du Préfet ou du Sous-Préfet (Circulaire du 7 avril 1905).

Etudes surveillées en dehors des heures de classes ; — Cours payants. — Leçons payantes. — Classes de vacances

« Des études surveillées, faites après la récréation de la classe du soir, peuvent être organisées dans les écoles primaires, sur la proposition de l'Inspecteur primaire, par décision de l'Inspecteur d'Académie.

La surveillance des études est facultative pour les maîtres de l'école. Toutefois, le directeur de l'école est tenu, dans tous les cas, de surveiller ce service.

Dans le cas où tous les Instituteurs adjoints ou quelques-uns d'entre eux refusent de faire les études surveillées, l'Inspecteur d'Académie peut recourir à des Instituteurs auxiliaires, qui sont rémunérés au moyen du produit de ces études.

Un règlement, adopté par le Conseil départemental, détermine, pour toutes les écoles primaires, le fonctionnement des études surveillées en ce qui concerne notamment la durée des études, l'admission gratuite et payante des élèves, la répartition du produit des études entre les personnes qui ont effectivement pris part à ce service, le taux de la rémunération spéciale à attribuer au directeur de l'école, en raison de la surveillance générale des études qui lui incombe » (Arrêté du 25 juillet 1905).

La circulaire du 20 février 1903 a interdit de transformer les études en classe.

Les leçons particulières sont permises dans l'intérieur de l'école conformément aux circulaires des 4 avril 1852, 5 août 1857 pour l'enseignement secondaire (1).

Un cours public et gratuit venant s'ajouter aux trente heures de classe est seulement contraire aux principes de la saine pédagogie ; il peut être condamné au même titre que les études transformées en classes.

Le cours payant peut être interdit, car il modifie un caractère essentiel de l'école primaire publique qui doit être ouverte, pour l'instruction, à tous les élèves sans qu'on puisse exiger d'eux aucune rétribution.

Les classes de vacances, selon nous, doivent être l'objet d'un règlement élaboré par le Conseil départemental, comme les études surveillées.

---

(1) Données à domicile, les leçons et répétitions peuvent constituer un délit. Il y a tenue d'école privée lorsque des enfants de différentes familles se trouvent habituellement réunis dans un but d'instruction, que cette instruction leur soit donnée isolément ou en commun (Cassation, 25 février 1880).

Surveillance et responsabilité.

Deux prescriptions essentielles, en matière de surveillance, se dégagent de l'examen du règlement scolaire modèle du 18 janvier 1887 :

D'abord, l'obligation étroite où est l'instituteur de surveiller ses élèves jusqu'au moment précis où ceux-ci sont rendus à leur famille. « Les enfants qui ne sont pas rendus à leur famille dans l'intervalle des classes demeurent sous la surveillance de l'instituteur *jusqu'à l'heure où ils quittent définitivement la maison d'école.* (Art. 9.) — S'ils quittent l'école pour se rendre à l'église recevoir l'instruction religieuse, l'instituteur est tenu de les conduire. » (Art. 5 (1)

Ensuite l'obligation non moins formelle imposée à

---

(1) Cette prescription se trouvait déjà dans le règlement modèle du 6 janvier 1881, que M. Jules Ferry commentait de la façon suivante (1er février 1881) : « Il reste un cas particulier où l'instituteur conserve nécessairement devant la loi la responsabilité des enfants, et, par conséquent, est tenu de les surveiller ou de les faire surveiller : lorsque les élèves ne sont pas rendus à leurs familles entre les deux classes et demeurent sous sa garde, c'est lui qui en répond pendant cet intervalle, soit qu'ils restent à l'école en récréation, soit qu'ils en sortent pour aller au catéchisme. En envoyant ces enfants seuls à l'église, en les exposant, sans surveillance, aux dangers de la rue, l'instituteur engagerait sa responsabilité civile : aucun règlement ne saurait l'y soustraire. »

Le maître n'est pas tenu de conduire les autres élèves à l'église pour le catéchisme. Il ne peut davantage contraindre ses adjoints à accomplir ce service. Une exception est faite aux règles précédentes quand un internat est annexé à l'école. Les maîtres chargés de la surveillance *et qui en ont accepté les conditions* doivent accompagner les élèves aux offices aux heures prescrites par le directeur (Circulaire du 9 avril 1903).

tous les maîtres, dans une école à plusieurs classes, de prendre part successivement à la surveillance des récréations et des retenues : « Chacun des maîtres attachés à l'école est tenu, *à tour de rôle*, de surveiller les récréations et de garder les élèves qui ne sont pas rendus à leur famille, dans l'intervalle des classes du matin et du soir, ainsi que ceux qui sont punis de la retenue après la classe. » (Art. 10).

Toutefois, la surveillance spéciale des élèves pensionnaires ne peut être imposée aux adjoints (Art. 10). — (Arrêté du 26 juillet 1905).

Il conviendrait d'insister sur cette dernière disposition qui, si elle était régulièrement observée au début de chaque année scolaire, préviendrait bien des discussions entre directeurs et adjoints, mais nous préférons envisager une question qui se rattache intimement à celle de la surveillance des élèves ; nous voulons parler de la responsabilité des instituteurs dans l'exercice de leurs fonctions.

On est responsable non seulement du dommage que l'on cause par son propre fait, mais encore de celui qui est causé par le fait de personnes dont on doit répondre ou de choses que l'on a sous sa garde.

C'est en vertu de ce principe proclamé par le Code que « les instituteurs et les artisans sont responsables du dommage causé par leurs élèves et apprentis pendant le temps que ceux-ci sont placés sous leur surveillance ». Leur responsabilité est entière « à moins qu'ils ne prouvent n'avoir pu empêcher le fait donnant lieu à cette responsabilité » (Art. 1384, Code civil).

La loi du 20 juillet 1899 a consacré l'addition suivante à l'art. 1384 que nous venons de citer :

« Toutefois, la responsabilité civile de l'Etat est substituée à celle des membres de l'enseignement public.

« L'action en responsabilité contre l'Etat... sera portée devant le tribunal civil ou le juge de paix du lieu où le dommage aura été causé, et dirigée contre le préfet du département. »

Le législateur a voulu ainsi soustraire les maîtres aux rigueurs d'une jurisprudence excessive et les faire rentrer dans le droit commun. La responsabilité de l'Etat avait été, en effet, reconnue dans plusieurs administrations par les lois des 6, 22 août 1891 sur les douanes ; du 15 juillet 1845 sur les chemins de fer, les arrêts de la Cour de cassation de 1845, 1848, 1854 relatifs aux accidents survenus dans le service des postes : il était juste que le Parlement supprimât l'exception défavorable qui existait à l'endroit des membres de l'enseignement.

Mais il importe de bien préciser la durée pendant laquelle la responsabilité de l'Etat est substituée à celle des instituteurs. Car des réserves sont à faire.

Je voudrais, a dit M. Leygues, ministre de l'Instruction publique, au Sénat, qu'il fût bien entendu que la responsabilité de l'Etat ne sera engagée que dans les cas où la loi scolaire place les enfants sous la surveillance des maîtres. Je m'explique. Pendant les heures de classe ou de récréation déterminées par la loi, pendant les heures de présence obligatoire à l'école, si des accidents se produisent, l'Etat devra des dommages. Mais je suppose que, l'école ouvrant régulièrement à 2 heures, des enfants pénètrent dans la cour de l'école à midi et demi, une heure. A ce moment-là, sa surveillance légale ne s'exerce pas, et si un accident survient, je ne crois pas que l'Etat puisse être tenu pour responsable.

De cette théorie, nous concluons, par conséquent, que la responsabilité de l'Etat est limitée au temps consacré à l'enseignement obligatoire, y compris le temps réservé aux récréations et à la surveillance prévues par les règlements scolaires.

Pour les enquêtes en cas d'accidents, voir la circulaire du 7 avril 1908.

L'onseignement.

Langue. — Le français seul doit être enseigné à l'école (Règlement scolaire du 18 janvier 1887, art. 14).

Livres. — Aucun livre, ni brochure, aucun imprimé, ni manuscrit, étrangers à l'enseignement, ne peuvent être introduits dans l'école, sans l'autorisation écrite de l'inspecteur d'Académie (Même règlement, art. 16).

Les livres classiques doivent être choisis parmi ceux qui figurent sur le catalogue arrêté par la commission départementale et approuvé par le Recteur (Arrêté du 18 janvier 1887, art. 21 et 22).

Cahiers. — *Cahier mensuel.* — Il est prévu par l'art. 15 de l'arrêté du 18 janvier 1887. La circulaire du 31 août 1887 a prescrit de remettre, à chaque élève, à son entrée dans chaque cours, un cahier spécial qui lui servira pendant 2 ans ; — chacun de ces cahiers sera conservé avec soin et tous trois seront finalement réunis à l'aide d'une reliure mobile, d'un simple cartonnage, ou tout autre procédé.

La circulaire ministérielle du 13 janvier 1895 nous indique comment ce cahier, — dit mensuel, — devra être compris :

.... Je désire que pour les mesures d'exécution, la plus grande liberté soit laissée aux inspecteurs et aux instituteurs. Je ne fais aucune objection à ce que le cahier de devoirs mensuels soit employé comme cahier de compositions là où les maitres le croient possible, à ce qu'il contienne seulement un devoir par mois ou par quinzaine, à ce qu'il soit accompagné de corrections sommaires ou d'annotations détaillées ou d'un classement par ordre de mérite, suivant le système que le maître croira devoir préférer.

Cahier de roulement. — Le cahier de roulement est un cahier où chaque jour un élève différent inscrit les devoirs de la journée. Un coup d'œil sur ce cahier permet à la fois de voir si le programme est bien suivi, si les sujets de devoirs et de leçons s'enchaînent bien, et, en même temps, si les différents élèves sont à peu près, sinon de même force, du moins de force à suivre, chacun avec fruit, le cours fait pour tous. C'est en quelque sorte le journal de la classe fait par la classe elle-même (Circulaire du 13 janvier 1895).

La neutralité religieuse. — L'enseignement du catéchisme aux élèves des écoles publiques.

Des discussions qui ont précédé le vote de la loi du 28 mars 1882 et de l'art. 2 de cette même loi, il ressort que l'instruction religieuse ne peut être donnée aux élèves des écoles publiques qu'en dehors des édifices scolaires, c'est-à-dire en dehors de l'école et de ses dépendances.

Ceci bien entendu, il nous reste à répondre aux questions suivantes :

L'instruction religieuse peut-elle être donnée à tous les enfants de la paroisse indistinctement

a) *Par le prêtre dans les écoles privées?*

b) *Par les instituteurs privés, dans leurs écoles?*

c) *Par les instituteurs privés, en dehors de leurs écoles?*

d) *Par une personne étrangère à l'enseignement, en dehors des écoles soit publiques, soit privées?*

Comme on le voit, toutes ces questions correspondent à autant de cas particuliers, puisque l'enseignement religieux est donné, dans la plupart des communes, par le prêtre à l'église paroissiale.

a) La première se trouve résolue par un texte précis : la lettre du Conseiller d'État, directeur des cultes, en date du 29 janvier 1890, dont nous reproduisons ci-après les principaux passages :

Vous (M. le préfet) me faites connaître que dans plusieurs localités de votre département, où il existe simultanément des écoles publiques laïques et des écoles privées congréganistes, les desservants choisissent les locaux de ces dernières écoles pour y donner l'enseignement du catéchisme à tous les enfants de la paroisse, et vous me demandez des instructions en vue de remédier à un état de choses qui provoque, à juste titre, le mécontentement des habitants des localités.

La situation que vous me signalez est, en effet, contraire aux lois et règlements qui régissent la matière, et l'administration ne saurait admettre que l'enseignement du catéchisme pût se faire en dehors de l'église ou de ses dépendances immédiates.

Il vous appartient de rappeler ces prescriptions aux ecclésiastiques qui les enfreindraient...

b) Des instructions non moins formelles nous permettent de répondre négativement à la seconde question. A la date du 3 juin 1901, M. le ministre écrit, en effet :

... Vous (M. le préfet) me faites savoir que le desservant de C... a cessé de faire le catéchisme aux enfants de la commune dans une pièce de l'école privée congréganiste, mais que la directrice de l'établissement a néanmoins reçu, du 18 au 23 mars inclus, dans son école, l'après-midi, pendant les heures de classe, les enfants de l'école publique sous prétexte de leur enseigner le catéchisme.

Je vous prie de rappeler à cette institutrice qu'elle n'a pas le droit de faire venir ainsi les élèves de l'école publique dans son école et de l'informer que, dans le cas où elle ne se conformerait pas aux instructions que vous lui donnerez, elle serait traduite devant le Conseil départemental de l'enseignement primaire pour faute grave dans l'exercice de ses fonctions, conformément à l'art. 41 de la loi du 30 octobre 1886.

Une lettre ministérielle du 14 juin 1902 confirme la précédente en refusant aux instituteurs privés le droit de recevoir, dans leurs écoles, les élèves des écoles publiques qui viendraient y apprendre eux-mêmes le catéchisme. En l'espèce, il ne s'agissait plus de cours, mais d'une simple surveillance : aucune distinction n'était faite entre ces différents objets de réunions.

c) Négative encore sera notre réponse à la troisième question puisqu'à la date précitée (14 juin 1902), M. le ministre reconnaît que :

Les instituteurs et les institutrices privés n'ont pas la faculté de réunir, en dehors de leurs bâtiments scolaires, les élèves des écoles publiques à leurs propres élèves, pour leur enseigner le catéchisme, ou pour les surveiller pendant la retraite préparatoire à la première communion.

d) De l'examen des trois premiers cas, il semble donc résulter que l'enseignement du catéchisme ne peut être donné, en dehors de l'église :

« Que par une personne neutre sur un terrain neutre. »

Mais une objection s'élève avec cette solution. En réunissant ainsi plusieurs enfants d'âge scolaire, pour leur expliquer l'esprit et la lettre du catéchisme, cette personne ne fait-elle pas acte d'enseignement, au sens propre du mot? Ne doit-elle pas justifier des conditions d'âge, de nationalité, de capacité et de moralité exigées par la loi des instituteurs et des institutrices? N'est-elle pas soumise à une déclaration d'ouverture d'école privée?

Si l'on se fonde sur les arrêts de la Cour de cassation, il n'y a tenue d'école que lorsque l'enseignement porte sur tout ou partie des matières comprises dans le programme réglementaire :

Il n'y aurait pas tenue d'école dans le fait de réunir des jeunes filles auxquelles on enseignerait, d'une part, le catéchisme ou l'histoire sainte, et, d'autre part, les travaux à l'aiguille; l'instruction religieuse, qui comprend le catéchisme et l'histoire sainte, ne faisant pas partie du programme de l'enseignement primaire et les travaux à l'aiguille, qui font partie de l'enseignement pour les filles, ne pouvant, en raison de leur caractère tout spécial, constituer à eux seuls l'élément d'enseignement nécessaire pour caractériser la tenue d'une école. — (Cassation, 15 juin 1883.)

En reproduisant l'un des arrêts les plus récents, nous tenons à faire remarquer au lecteur que la jurisprudence de la Cour de cassation n'a rien de fixe ni d'immuable. Toutefois, il est de règle, sur une question controversée, d'adopter sa dernière interprétation, et c'est ce que nous avons fait dans le cas présent.

Rapports du maître avec les élèves et les parents

Il est absolument interdit d'infliger aucun châtiment corporel (Règlement scolaire du 18 janvier 1887, art. 20).[1]

Il est également interdit aux instituteurs et institutrices de tutoyer leurs élèves (même article).

Toute pétition, quête, souscription, loterie est interdite dans les écoles publiques (Règlement précité, art. 17).

Il est interdit aux instituteurs de recevoir des élèves ou de leurs parents aucune espèce de cadeaux (Même règlement, art 18).

Rapports du maître avec ses collègues

Les instituteurs ne peuvent former entre eux un syndicat professionnel (Circulaire du 20 septembre 1887. Lettres ministérielles des 3 août 1892, 13 décembre 1895, 30 janvier 1897, Cassation, 20 juin 1885, 28 février 1902).

Rapports du maître avec ses supérieurs

Il est défendu aux instituteurs d'offrir des cadeaux aux inspecteurs (Circulaires des 13 mars 1889, 21 janvier 1902, 10 novembre 1906).

---

(1) Les violences légères sont punies par l'article 605 du Code du 3 brumaire an IV; les coups et blessures par les articles 309, 311, 319, 320, 183 du Code pénal.

Absences et congés de l'instituteur

FORMALITÉS INDISPENSABLES

1° *L'absence ne doit pas durer plus de 3 jours.* — C'est l'art. 23 du règlement scolaire modèle qui est alors applicable : « L'instituteur ne pourra ni intervertir les jours de classe, ni s'absenter, sans y avoir été autorisé par l'inspecteur primaire et sans avoir donné avis de cette autorisation aux autorités locales. »

2° *L'absence doit durer plus de 3 jours, mais ne pas se prolonger au delà de 15.* — L'autorisation sera demandée à l'inspecteur d'Académie par l'intermédiaire de l'inspecteur primaire. *En cas de maladie,* l'instituteur avisera l'inspecteur primaire et, en même temps, adressera directement à l'inspecteur d'Académie une demande d'interruption de service accompagnée d'un certificat de médecin motivant cette interruption et en indiquant la durée approximative (Décret du 25 mai 1894, art. 1).

3° *L'absence doit durer plus de 15 jours.* — Un congé de plus de 15 jours ne peut être donné que par le préfet (Même règlement, art. 23).

La demande de congé sera envoyée à l'inspecteur d'Académie par l'intermédiaire de l'inspecteur primaire ou à l'inspecteur d'Académie directement dans le cas de maladie. (Voir 2°.)

4° *L'absence est motivée par des circonstances graves et imprévues.* — L'instituteur pourra s'absenter sans autre condition que de donner immédiatement avis de son absence aux autorités locales et à l'inspecteur primaire (Règlement précité, art. 23). — Toutefois, si son absence doit se prolonger, il remplira les formalités indiquées aux paragraphes précédents.

RÉDACTION DE LA DEMANDE DE CONGÉ, DU CERTIFICAT MÉDICAL

Les demandes de congés absolus et limités sont exceptés de la formalité du timbre (loi du 13 brumaire, an VII, art. 16), ainsi que les certificats médicaux. (Instruction générale de l'enregistrement 2924, § 1. — Loi du 29 mars 1897, art. 7) [1].

RETENUES POUR CONGÉ ; — 1° RÈGLES D'ORDRE GÉNÉRAL

Les fonctionnaires et employés ne peuvent obtenir chaque année un congé, ou une autorisation d'absence de plus de 15 jours sans subir une retenue. Néanmoins, un congé d'un mois sans retenue *peut* être accordé à ceux qui n'ont joui d'aucun congé et d'aucune autorisation d'absence pendant 3 années consécutives.

Pour les congés de moins de 3 mois, la retenue est de la moitié au moins et des 2/3 au plus du traitement.

Après 3 mois de congé consécutifs ou non, dans la même année, l'intégralité du traitement est retenue, et le temps excédant les 3 mois n'est pas compté comme service effectif pour la pension de retraite (Décret du 9 nov. 1853, art. 16).

---

(1) LE SECRET EN CAS DE MALADIE

L'obligation, pour un médecin, de garder les secrets qui lui sont confiés, est formelle et sans exception.

« Les médecins, chirurgiens et officiers de santé, ainsi que les pharmaciens, les sages-femmes *et toutes autres personnes dépositaires, par état ou par profession*, des secrets qu'on leur confie, qui auraient révélé ces secrets, seront punis d'un emprisonnement d'un mois à six mois et d'une amende de 100 à 500 francs. » (Code pénal, art. 378, et loi du 28 avril 1832 combinés.)

2° RÈGLES APPLICABLES DANS LE CAS OU LE CONGÉ EST ACCORDÉ POUR RAISON DE SANTÉ

En cas d'absence pour cause de maladie dûment constatée, le fonctionnaire ou l'employé *peut* être autorisé à conserver l'intégralité de son traitement pendant un temps qui ne peut excéder 3 mois. Pendant les 3 mois suivants, il *peut* obtenir un congé avec la retenue de la moitié au moins et des 2/3 au plus du traitement (Décret précité, art. 16).

C'est au cours d'une même année, calculée à partir du début de la première suppléance, que doivent être comptés les 6 mois de congé avec traitement (Circulaire du 21 avril 1897 transmissive de l'avis du Conseil d'Etat en date du 24 février de la même année).

Si le fonctionnaire peut être autorisé à conserver son traitement intégral pendant 3 mois, « il ne s'ensuit pas que ce délai ne puisse être limité, suivant les circonstances, à 1 ou 2 mois après lesquels l'intéressé est mis en congé avec demi-traitement jusqu'à concurrence des 6 mois réglementaires ». (Lettre ministérielle du 27 octobre 1897.)

Aux termes mêmes du règlement d'administration publique du 25 mai 1894, l'inspecteur d'Académie n'est pas tenu d'accueillir *de plano* toute demande d'interruption de service par le fait seul qu'elle est basée sur la maladie et même qu'elle est appuyée d'un certificat de médecin. Il faut encore que la demande lui paraisse fondée (Circulaire du 2 mars 1895).

Il lui est recommandé de veiller à ce que les autorisations d'absence ne soient accordées que dans les cas vraiment urgents et qu'elles ne se prolongent pas au delà du temps nécessaire. L'instituteur, dès que sa santé est rétablie, doit considérer comme un devoir de reprendre son service, même si son congé n'est pas expiré (Note ministérielle du 8 janvier 1897) ; il ne peut jamais être admis à prendre directement à sa charge des frais de suppléance (Circulaire du 21 avril 1897).

En vertu de plusieurs avis de la section des finances du Conseil d'Etat, la retenue du 1/20 doit être prélevée non seulement sur la partie du traitement dont le fonctionnaire a conservé la jouissance, mais sur la seconde partie avant qu'elle soit reversée à titre de retenue de congé (Art. 3, § 4 de la loi de 1853), ou qu'elle soit ordonnancée au profit de l'intérimaire (Art. 16, § 4 du décret du 9 novembre 1853 — Circulaire du 10 mai 1897).

Les vacances ne constituent pas une interruption dans l'application des règles édictées, en ce qui concerne les congés, par l'art. 16 du décret du 9 nov. 1853. (Lettre ministérielle du 27 oct. 1897) ; mais le traitement de vacances est dû à tout maître qui a terminé l'année classique et a assisté à la distribution des prix (Circulaire du 18 avril 1880).

Les frais de suppléance des institutrices malades, exerçant dans les écoles facultatives établies dans des communes de moins de 401 habitants, peuvent être pris à la charge de l'Etat, car il s'agit, en l'espèce, d'assurer le service dans des écoles rangées au nombre des écoles primaires publiques (Lettre ministérielle du 22 janvier 1898).

Le bénéfice de la suppléance, *situation essentiellement provisoire*, ne saurait être accordé aux maîtres que leurs infirmités mettent *définitivement* dans l'impossibilité de remplir leurs fonctions (Avis du Conseil d'Etat, 27 nov. 1894).

3° RÈGLE APPLICABLE DANS LE CAS OU LE CONGÉ EST ACCORDÉ EN VUE DE L'ACCOMPLISSEMENT D'UN DEVOIR IMPOSÉ PAR LA LOI

Les absences ayant pour cause l'accomplissement d'un des devoirs imposés par la loi sont affranchies de toute retenue (Décret du 9 nov. 1853, art. 16. Lettre ministérielle du 28 décembre 1895).

Toutefois, l'instituteur qui n'a pas demandé à bénéficier d'un ajournement ne saurait être, selon nous, suppléé aux frais de l'Etat pendant une période d'instruction militaire, puisqu'il avait toutes facilités pour accomplir cette période lors des vacances scolaires.

Il n'en est pas de même du maître, soldat, sous-officier ou officier de réserve, mis en demeure d'accomplir sa période à une autre époque de l'année : la règle édictée par l'art. 16 du décret du 9 nov. 1853, l'exempte de retenue.

SITUATION DE DISPONIBILITÉ ; — D'INACTIVITÉ

Ainsi les instituteurs peuvent être suppléés provisoirement pour cause de maladie, de suspension ou de congé régulier (Loi du 25 juillet 1893, art. 48) ; mais en cas de congé, ils ne peuvent conserver leur traitement et continuer à verser les retenues pour le service des pensions civiles au delà des limites fixées par le décret du 9 nov. 1853 et ils ne peuvent être mis dans la situation de disponibilité, ni recevoir un traitement d'inactivité, l'art. 10 de la loi du 9 juin 1853 et l'art. 16 du décret précité (dernier paragraphe) ne leur étant pas applicables (Avis du Conseil d'Etat, 27 novembre 1894).

INSTITUTEUR SUPPLÉÉ ET INSTITUTEUR SUPPLÉANT

L'instituteur suppléé ne peut être contraint à nourrir et à loger l'instituteur suppléant, non plus, à lui payer une indemnité de logement ou l'indemnité de résidence. — Ces indemnités restent acquises à l'instituteur suppléé (Décrets des 2 août 1890, art. 6 ; — 25 mai 1894, art 3. — Dépêche ministérielle du 13 juin 1902.)

Conséquences que peut entraîner un congé

1° AU POINT DE VUE DE L'ANCIENNETÉ DE SERVICES DE L'INSTITUTEUR

« Ne peuvent entrer dans le calcul de l'ancienneté les interruptions de services autres que les congés pour cause de maladie (Décret du 17 juillet 1895, art. 3).

Si les congés de cette nature, accordés *avec traitement*, n'influent pas sur l'ancienneté de services, il n'en est pas de même de ceux qui sont accordés, *pour les mêmes raisons, sans traitement* : selon la jurisprudence admise jusqu'à ce jour et consacrée par une lettre ministérielle du 11 avril 1901, ils sont défalqués du nombre des années de services.

Les services militaires accomplis soit avant, soit après l'admission dans les cadres, sont comptés pour l'avancement dans la proportion de la moitié de leur durée, lorsqu'il est fait état de l'ancienneté des services.

Toutefois, les services militaires antérieurs ne seront comptés que si l'admission dans les cadres a été demandée pendant l'année qui a suivi la libération de l'ancien militaire ou si le candidat s'est présenté au premier concours ouvert après l'expiration de ladite année (Décret du 11 novembre 1903, art. 1).

Lorsque l'ancien militaire a accompli, en vertu d'un engagement volontaire, d'un rengagement ou d'une commission, une durée de services excédant le temps passé sous les drapeaux par la classe qui a été appelée l'année de son incorporation, ou lorsqu'il a été retenu au corps par suite de mesures disciplinaires, après le temps réglementaire, il n'est pas fait état de ce service supplémentaire (Décret du 11 novembre 1903, art. 2).

La majoration d'ancienneté résultant des services militaires est répartie à raison de six mois par promotion.

Toutefois, lorsque, par suite de cette répartition, le temps effectif nécessaire pour obtenir une promotion se trouverait abrégé de plus d'un tiers, la répartition ne sera faite qu'à raison de trois mois (Arrêté du 20 avril 1906, art. 3).

L'article 3 de l'arrêté du 20 avril 1906 est complété ainsi qu'il suit :

« Pour les instituteurs des écoles élémentaires, les deux premières majorations d'ancienneté de six mois seront cumulées lors de la première promotion qui suivra leur rentrée en fonctions dans l'instruction publique. » (Arrêté du 15 juin 1906).

Il n'est tenu compte toutefois des services antérieurs à l'entrée dans les cadres que sous réserve pour l'intéressé de justifier, suivant les cas :

Qu'il a adressé à l'autorité compétente une demande régulière d'emploi dans le délai d'un an après sa libération ;

Ou qu'il s'est présenté au premier concours ou au premier examen ouvert, après l'expiration dudit délai, en vue de l'admission à une fonction ou à un emploi de l'Instruction publique ;

Ou qu'il a, dans le délai d'un an après sa libération, entrepris ou poursuivi des études en vue de son admission à ces examens ou concours (Arrêté du 20 avril 1906, art. 2).

2° AU POINT DE VUE DU MAINTIEN DE L'INSTITUTEUR DANS LE POSTE DONT IL EST TITULAIRE

Aucune règle précise ne peut être donnée à ce sujet. L'inspecteur d'Académie et le préfet restent juges de la question du remplacement de l'instituteur qui a obtenu un congé d'une durée plus ou moins longue. Outre cette durée, diverses considérations relatives au motif invoqué, aux circonstances mêmes où le congé a été sollicité, peuvent être examinées ; si l'administration se montre bienveillante à l'égard des maîtres que la maladie empêche d'exercer leurs fonctions, elle est moins disposée à faire crédit à ceux que des convenances personnelles éloignent de l'enseignement.

Les stagiaires rentrant du régiment ne peuvent prétendre à leur réintégration dans le poste même qui leur avait été assigné avant leur départ. Ce poste revient de droit à son véritable possesseur, qui était alors absent, ou, à défaut, à l'instituteur qui y a été définitivement appelé après le départ du stagiaire pour le régiment.

« Il n'en serait pas de même si, antérieurement à son

départ pour le régiment, l'instituteur avait été titularisé. Par le fait même de sa titularisation, son statut personnel se trouve modifié; le maître appartient définitivement aux cadres et jouit de toutes les garanties prévues par la loi; son absence momentanée, motivée, suivant l'expression du décret du 9 novembre 1853, « par l'accomplissement d'un devoir imposé par la loi », ne saurait le priver du poste auquel il était attaché, et j'estime qu'en principe, les instituteurs titularisés avant leur départ pour le régiment doivent, s'ils le désirent, être réintégrés, lors de leur retour, dans le poste qu'ils occupaient au moment de leur départ. » (Lettre ministérielle du 7 juin 1907).

3° AU POINT DE VUE DE LA RÉALISATION DE L'ENGAGEMENT DÉCENNAL

Il faut distinguer entre l'engagement décennal contracté avant le concours d'admission aux écoles normales et l'engagement décennal souscrit en vue d'une dispense partielle du service militaire.

a) *Engagement décennal prévu par l'art. 70 du décret du 18 janvier 1887 et contracté avant l'entrée à l'école normale.* — La durée des congés accordés, pour quelque raison que ce soit, sauf pour cause de maladie *constatée par un médecin assermenté*, à l'instituteur qui n'a pas encore accompli intégralement son engagement décennal, ne doit pas excéder 3 ans. Ce terme expiré, l'intéressé est mis en demeure de solliciter sa réintégration dans l'enseignement public ou de rembourser le prix de la pension dont il a joui à l'école normale (Circulaire du 15 février 1897).

Il est évident que la réalisation de l'engagement se trouve suspendue même au cas où le congé est accordé pour raisons de santé (Lettre ministérielle du 23 décembre 1901).

D'une lettre de M. le vice-recteur de l'Académie de Paris (21 juin 1901), il ressort que les années passées à l'école normale ne sont pas valables pour la réalisation de l'engagement décennal : l'instituteur en congé devra tenir compte de cette observation.

b) *Engagement décennal prévu par l'art. 23 de la loi du 15 juillet 1889 et souscrit en vue d'une dispense partielle du service militaire* [1]. — Aucune portion de l'engagement décennal ne peut être réalisée en congé, sauf pour cause de maladie dûment constatée par deux médecins dont l'un désigné par l'autorité militaire. Les autres interruptions régulièrement autorisées ne comptent pas pour la réalisation de l'engagement décennal sans que l'époque normale de l'accomplissement de cet engagement puisse être reculée de plus de 3 années [2]. (Décret du 23 novembre 1889, art. 10, modifié par le décret du 26 février 1902).

Une copie de tout congé d'inactivité, qu'il soit accordé pour raisons de santé ou pour convenances personnelles, doit être envoyée par l'autorité académique au commandant du bureau de recrutement de la subdivision à laquelle appartient le dispensé, le jour même de la délivrance du congé. (Circulaire du 17 mai 1893). — L'autorité militaire est donc tenue au courant des modifications qui peuvent se produire dans la situation du dispensé.

4° AU POINT DE VUE DE LA PENSION DE RETRAITE

Le temps passé en congé sans traitement ne compte pas pour la liquidation de la pension de retraite (Arrêté du 22 février 1860), mais le temps passé en congé avec traitement intégral ou partiel est liquidable jusqu'à concurrence de 5 ans (Loi du 9 juin 1853, art. 10. — Circulaire du 18 avril 1880).

---

(1) Notons, en passant, que tout engagement décennal n'expire qu'au moment où la onzième année, à partir du jour de son acceptation, se trouve révolue (Lettre ministérielle du 20 août 1899).

(2) Non compris l'année passée sous les drapeaux (Même lettre).

Rappelons aussi qu'en dehors des 6 mois qui peuvent être accordés avec traitement intégral ou partiel, un instituteur ne peut compter pour la retraite une *période pendant laquelle au cours de la même année* il aurait été suppléé aux frais de l'Etat par suite de maladie (Avis du Conseil d'Etat, 21 février 1897). (Voir le chapitre sur la pension de retraite.)

Les vacances

Les grandes vacances ont une durée de 6 semaines dans les établissements publics d'enseignement primaire.

Toutefois, sur l'avis du Conseil départemental, la durée des vacances peut être portée à 8 semaines dans les écoles primaires élémentaires où sont organisées des classes de vacances (Arrêté du 21 juillet 1905, art. 1 et 2).

Un congé supplémentaire, d'une ou deux semaines au maximum, est ordinairement accordé, chaque année, aux instituteurs et aux institutrices qui ont fait un cours d'adultes, ou des conférences populaires, ou qui ont contribué activement au fonctionnement des œuvres complémentaires de l'école.

L'INSTITUTEUR SE DOIT TOUT ENTIER A SA TACHE PROFESSIONNELLE : FONCTIONS ET PROFESSIONS QUI LUI SONT INTERDITES

L'article 25 de la loi du 30 octobre 1886 interdit aux instituteurs et institutrices publics de tout ordre (1) :

1° Les professions commerciales et industrielles ;

(1) Ajoutons aux instituteurs et institutrices publics, par analogie, le personnel des écoles primaires supérieures, des écoles manuelles d'apprentissage et même des écoles normales primaires.

2° Les fonctions administratives ;

3° Les emplois rémunérés ou gratuits dans les services des cultes.

Nous croyons utile d'entrer dans l'examen des cas où l'application de cet article peut donner lieu à des difficultés d'interprétation.

1° PROFESSIONS COMMERCIALES ET INDUSTRIELLES

a) L'instituteur peut-il se livrer à des opérations commerciales ou industrielles en dehors de ses heures de classe? — C'est le ministre de l'Instruction publique qui, dans une circulaire en date du 29 juin 1897, nous renseigne à ce sujet : « Plusieurs administrations ont constaté que certains fonctionnaires se livraient à des opérations commerciales, soit ouvertement, soit sous le couvert de prête-noms. Le gouvernement ne saurait admettre une telle situation... Je tiens à rappeler, d'une manière générale, aux divers fonctionnaires de l'Université, qu'ils doivent toute leur activité au service de l'Etat... »

b) Peut-il vendre à ses élèves des livres et fournitures scolaires? — Un instituteur tenant un dépôt de livres exclusivement destinés aux élèves qui suivent son école, ne peut être considéré comme exerçant la profession de libraire (Décisions des 9 octobre, 1er décembre 1851 et 21 novembre 1855. — Conseil d'Etat, 20 juillet 1864). La circulaire du 2 mars 1887 interdisait aux instituteurs et institutrices publics la vente des fournitures classiques dans les localités où il existe un libraire patenté, mais celle du 15 juin de la même année a ordonné de surseoir à son application jusqu'à ce qu'un règlement fût intervenu sur la matière.

Par conséquent, l'art. 12 du Règlement scolaire est toujours en vigueur :

« Un tableau portant le prix de tous les objets que

l'instituteur est autorisé à fournir aux élèves sera affiché dans l'école après avoir été visé par l'Inspecteur primaire. »

Cet article ne confère pas aux directeurs et directrices d'écoles un droit exclusif avec bénéfices provenant de la vente des fournitures classiques. M. le Ministre estimait, en 1902, qu'une entente devait intervenir sur cette question entre directeurs et adjoints des diverses écoles.

c) *A-t-il le droit de se livrer à des opérations d'arpentage?* — Il ne saurait être interdit à un instituteur communal d'utiliser à son profit, en dehors du temps consacré aux classes, les connaissances qu'il a acquises de l'arpentage ou du lever des plans (Décisions des 31 août 1853, 10 mars 1855, 11 mars 1856 et 2 février 1857). Le Conseil d'Etat a confirmé ces décisions, le 3 mars 1858, en décidant qu'un instituteur, qui ne fait qu'accidentellement les opérations d'arpentage, ne peut être considéré comme exerçant la profession d'arpenteur, et le ministre lui-même a reconnu, le 2 février 1885, qu'il n'y avait pas lieu de modifier la jurisprudence suivie jusqu'à ce jour : « Ce n'est toutefois qu'exceptionnellement que les instituteurs publics peuvent être autorisés à instrumenter aux lieu et place des arpenteurs, qui seuls remplissent les conditions nécessaires pour procéder, d'une manière habituelle, aux travaux de leur profession. » (Circulaire du 2 février 1885.)

d) *Quant à la profession de géomètre-expert,* elle tombe sous le coup de l'interdiction de la loi du 30 octobre 1886.

e) *Peut-il rédiger pour autrui des actes sous-seing privé?* — « On ne peut interdire à un maître d'école la faculté, commune à tout individu sachant lire et écrire, de rédiger des actes sous-seing privé ». (Décision du 26 juillet 1833.) — « Le fait pour un instituteur de se charger, moyennant rétribution, de la rédaction d'un acte, ne constitue pas une opération de commerce ». (Circulaire du recteur de l'Académie de Dijon, 20 juin 1854.)

Toutefois, les instituteurs ne perdront pas de vue que cette faculté de rédiger pour autrui des actes sous-seing privé est renfermée dans certaines limites que la loi a posées et que, d'après un arrêt de la Cour de cassation en date du 8 mai 1858, les dispositions de l'art 258 du Code pénal sont applicables aux individus qui rédigeraient des actes que les notaires tiennent de la loi mission de dresser. La peine édictée par ledit article est un emprisonnement de 2 à 5 ans.

f) Peut-il être agent d'assurances? — Il ne lui est pas permis d'accepter un portefeuille d'assurances ni de s'occuper du recouvrement des primes pour une compagnie (Musée pédagogique, fasc. 100, page 94, note (1), ces occupations rentrant dans la catégorie des professions commerciales visées par la loi du 30 octobre 1886.

2° FONCTIONS ADMINISTRATIVES

a) Fonctions de maire. — En s'appuyant sur les articles 33 et 80 de la loi du 5 avril 1884, on pourrait déclarer les instituteurs éligibles aux fonctions de conseiller municipal — et, par conséquent, aux fonctions de maire — dans les communes autres que celles où ils exercent. Mais les fonctions de maire ont un caractère administratif ; d'où nous concluons qu'elles ne peuvent être remplies par les instituteurs publics.

b) Bureau de bienfaisance. — Dans une circulaire en date du 13 mai 1901, le ministre de l'Intérieur a recommandé aux préfets de ne plus confier le mandat d'administrateur d'établissement de bienfaisance aux instituteurs publics, de sorte que la loi du 5 août 1879 ne peut être invoquée par ces derniers.

c) Secrétariat de mairie. — Un instituteur communal peut exercer les fonctions de secrétaire de mairie avec l'autorisation du conseil départemental (Loi du 30 octobre 1886, art. 25).

d) Caisse d'épargne municipale. — C'est une annexe du secrétariat de mairie dans les communes peu importantes. Elle peut être confiée à l'instituteur, sous la réserve, toutefois, que les versements n'auront pas lieu les jours ou les heures de classe.

e) Bureau télégraphique municipal. Téléphone. — En présence du texte formel de la loi du 30 octobre 1886, l'instituteur ne peut se prévaloir de la circulaire du 4 décembre 1865 pour diriger le service d'un bureau télégraphique municipal ou d'un téléphone. Ce service aurait d'ailleurs l'inconvénient de le distraire à chaque instant de sa tâche professionnelle.

f) Recette buraliste. — Nous ferons la même remarque relativement aux fonctions de receveur buraliste que l'art. 32 de la loi du 15 mars 1850 permettait aux instituteurs d'exercer avec l'autorisation du conseil académique (départemental).

3° EMPLOIS RÉMUNÉRÉS OU GRATUITS DANS LE SERVICE DES CULTES

La circulaire du 29 novembre 1900 a prescrit que les instituteurs devaient s'abstenir désormais de tout emploi rémunéré ou gratuit dans le service des cultes. Ils ne peuvent donc plus être chantres, clercs paroissiaux, membres du conseil de fabrique, sonneurs religieux. Nous verrons que l'interdiction édictée par l'art. 25 ne s'étend pas à la sonnerie civile, ni à l'entretien de l'horloge communale, objet affecté à des usages civils (Lire le chapitre : Deux services accessoires confiés à l'instituteur) (1).

(1) Incidemment, nous rappellerons aux maîtres qu'une circulaire ministérielle du 13 juillet 1899 leur défend d'apporter leur concours à des fêtes et à des cérémonies organisées par des établissements libres d'enseignement.

Il est évident que l'art. 25 de la loi précitée ne peut s'appliquer :

1° A la femme d'un instituteur ;

2° A la maîtresse de couture, femme d'un instituteur ;

3° Au mari d'une institutrice.

Ainsi d'ailleurs décidait-on sous l'empire de la loi du 15 mars 1850 (Voir la circulaire ministérielle du 24 déc. 1850).

L'Instituteur et les fonctions électives

Conseil municipal. — Mairie. — Nous avons vu plus haut que l'instituteur peut être conseiller municipal dans une commune autre que celle où il exerce, mais qu'il ne peut être élu maire (Loi du 5 avril 1884, art. 33 et 80).

Conseil d'arrondissement. — Conseil général. — L'incompatibilité prévue par l'art. 10 de la loi du 10 août 1871 ne s'étend pas aux instituteurs publics, qui ne reçoivent aucune subvention sur les fonds départementaux : ils peuvent donc siéger au Conseil d'arrondissement, au Conseil général, représentant le canton où ils exercent (Conseil d'Etat, 27 mai 1887).

Chambre des députés. — Sénat. — La loi du 19 juillet 1889 a fait, des instituteurs, des fonctionnaires de l'Etat : la règle d'incompatibilité, édictée par l'art. 8 de la loi du 30 novembre 1875, leur est, par conséquent, applicable (Conseil d'Etat ; avis du 22 octobre 1890).

Toutefois, ils peuvent être nommés délégués sénatoriaux par le Conseil municipal (Loi du 2 août 1875).

Autres incompatibilités ou inégibilités

Commission municipale scolaire. — Les inéligibilités et incompatibilités établies par l'art. 33 de la loi du 5 avril 1884 sont applicables aux membres des commissions scolaires. (Loi du 30 octobre 1886, art. 57.) — L'instituteur ne peut donc faire partie de la commission municipale scolaire de sa commune.

Délégation cantonale. — Il ne peut davantage faire partie de la délégation cantonale (art. 57, précité). — D'ailleurs « nul chef ou professeur d'un établissement quelconque d'instruction *primaire* ne peut être délégué cantonal ». (Décret du 18 janvier 1887, art. 137.)

Jury. — De même, les fonctions d'instituteur sont incompatibles avec celles de juré à la Cour d'assises (Loi du 21 novembre 1872, art. 3).

L'INSTITUTEUR AU POINT DE VUE POLITIQUE

Il doit faire aimer les institutions républicaines tout en se gardant de la politique de parti, de personnes, de coterie.

Vous avez été affranchis, comme citoyens, par la Révolution française, disait Jules Ferry aux instituteurs, en 1881, vous allez être émancipés comme instituteurs par la République de 1880; comment n'aimeriez vous pas et ne feriez-vous pas aimer dans votre enseignement et la Révolution et la République? Cette politique-là, c'est une politique nationale, et vous pouvez, et vous devez — la chose est facile — la faire entrer, sous les formes et dans les voies voulues, dans l'esprit des jeunes enfants, mais la politique contre laquelle je tiens à vous mettre en garde est celle que j'appelais tout à l'heure la politique militante et quotidienne, la politique de parti, de personnes, de coterie. Avec cette politique-là, n'ayez rien de commun.

La circulaire de M. Fallières, en date du 20 août 1889, est à rapprocher de ce discours :

Notre législation assure aujourd'hui aux instituteurs le degré d'indépendance qui leur est nécessaire pour remplir avec fruit et dignité la mission qui leur est confiée, mais elle ne les met pas, sous prétexte de neutralité, en dehors du pays et de ses institutions. De tous les serviteurs de l'Etat, les éducateurs de la jeunesse seraient les derniers à qui l'on pût reconnaître le droit de tenir publiquement la balance égale entre la République et ses ennemis; eux-mêmes s'étonneraient qu'après les avoir chargés de donner l'instruction civique, on les autorisât à démentir leurs leçons par leur exemple. Tous les fonctionnaires doivent concourir de concert à un même but : le bien de l'Etat et de la République. Les maîtres de la jeunesse ne se désintéresseront pas de cette fin supérieure. Je les connais trop pour en douter.

La 3e République assigne donc aux instituteurs un rôle politique et social, mais à la différence des gouvernements monarchiques, elle les traite en hommes libres, persuadée que leur raison suffira pour les attacher à ses institutions.

COMMUNICATIONS AUX JOURNAUX POLITIQUES

Les fonctionnaires placés sous les ordres de l'Inspecteur d'Académie doivent s'interdire les communications adressées aux journaux, et, en général, les appels à la publicité, surtout les appels collectifs (Lettre ministérielle du 12 décembre 1885. — Circulaire du 6 janvier 1886).

SUJETS DE CONFÉRENCES

Ces sujets ne doivent se rattacher ni directement ni

indirectement à la politique intérieure ou extérieure du pays (Circulaire du 10 mars 1900). (1)

DEMANDES DE RENSEIGNEMENTS DE NATURE POLITIQUE

Les instituteurs ne doivent répondre, en aucun cas, aux demandes de renseignements de nature politique soit sur des personnes nominativement désignées, soit sur la situation électorale, soit sur l'influence respective des journaux, soit sur des candidatures éventuelles (Circulaire du 2 mars 1893).

L'INSTITUTEUR AU POINT DE VUE RELIGIEUX

Comme tous ses concitoyens, l'instituteur est libre d'observer les pratiques de son culte; mais, à aucun prix, il ne doit être soupçonné de les accomplir par ordre, c'est-à-dire par peur ou par intérêt. Il ne doit compte à personne de ses convictions, et quand tous les Français jouissent de la liberté de conscience, il n'en saurait être exclu par sa profession même (Circulaire de Jules Ferry aux préfets, 23 septembre 1880).

Toutefois, il s'abstiendra :

a) De participer comme instituteur, du fait de ses fonctions, et à la tête de ses élèves, aux manifestations

---

(1) Nous avons vu précédemment qu'il est formellement interdit aux instituteurs publics de conduire leurs élèves aux réunions et conférences offrant un caractère politique (Circulaire du 18 novembre 1883).

extérieures du culte, notamment aux processions qui sont en usage dans certaines communes ;

b) De faire répéter le catéchisme pendant les heures réglementaires de classe, ou même, en dehors de ces heures, dans les locaux scolaires (Circulaire du 9 avril 1903).

Son enseignement n'aura pas un caractère confessionnel.

« Nous ne voulons plus, disait Paul Bert, rapporteur de la loi du 28 mars 1882, l'Ecole esclave de l'Eglise, mais indépendante. Nous ne voulons plus l'instituteur dépendant de l'Eglise, mais l'instituteur libre dans son école. En même temps, nous laissons le prêtre libre dans l'église. A l'un nous attribuons la science, ce qui se démontre ; à l'autre nous donnons plein pouvoir dans le domaine de la foi, de ce qui se croit ; à l'un le domaine de ce que l'on comprend avec les seules lumières de la raison ; à l'autre, celui dans lequel il faut faire intervenir la lumière de la grâce ; à tous deux, la protection, le respect, la liberté. De cette manière, nous séparons ces deux domaines ; nous laissons chacun libre, nous évitons les conflits et nous assurons la paix publique ».

L'Instituteur et son idéal

L'instituteur a un idéal haut placé : il se propose de ressembler au bon maître dont nous traçons ci-après le portrait. Ses élèves lui sont également précieux. Pour eux, sa tendresse inquiète ne cesse d'interroger le passé, de surveiller le présent et de préparer l'avenir. Il prend en pitié ces esprits lents et faibles qui paraissaient condamnés par la nature à ne pouvoir jamais apprendre. Il les anime de son ardeur. Il les éclaire de ses lumières. Infatigable soldat de la civilisation, il combat les ennemis qu'elle recèle dans son sein : l'ignorance, l'oisiveté, le vice. C'est un missionnaire laïque dont la pensée est toujours en action et dont l'influence bienfaisante rayonne dans tous les foyers.

Satisfait du poste communal que lui a attribué une

administration éprise de justice et d'équité, il entend rester fidèle aux paroles qu'il prononça au lendemain de son installation : « Voici ma patrie, a-t-il dit ; ici, je veux vivre et mourir ; ici, je veux mériter le respect des enfants, l'amitié des pères de famille, l'estime de tous ; je veux m'unir à mon école par un lien sacré qui durera autant que mes forces, et, s'il est possible, autant que ma vie. »

A QUELLES AUTORITÉS L'INSTITUTEUR AURA-T-IL A RÉPONDRE?

L'inspection des établissements d'instruction primaire publics est exercée :

1° Par les inspecteurs généraux de l'Instruction publique;

2° Par les recteurs et les inspecteurs d'Académie,

3° Par les inspecteurs primaires;

4° Par les membres du Conseil départemental désignés à cet effet;

5° Par le maire et les délégués cantonaux;

6° Dans les écoles maternelles, concurremment avec les autorités précitées, par les inspectrices générales et les inspectrices départementales des écoles maternelles;

7° Au point de vue médical, par les médecins-inspecteurs communaux ou départementaux.

COMMENT S'EXERCE L'INSPECTION

L'inspection des autorités désignées aux §§ 1, 2, 3 et 6 porte sur l'enseignement, l'état des locaux et du matériel, sur l'hygiène et la tenue des élèves.

Celle des autorités désignées aux §§ 4 et 5 porte seulement sur l'état des locaux et du matériel, sur l'hygiène et la tenue des élèves (Décret du 18 janv. 1887 art. 140).

Les médecins-inspecteurs n'ont entrée dans les écoles qu'après avoir été agréés par le préfet. Leur inspection porte sur la santé des enfants, la salubrité des locaux et l'observation des règles de l'hygiène scolaire (Même décret, art. 141).

Un peu d'inspection aide et stimule ; trop d'inspection paralyse. C'est assez d'un supérieur à qui l'instituteur doit compte de tous les détails de sa vie professionnelle ; il ne faudrait pas que toutes les autres autorités instituées par la loi : Préfet, Maire, Conseillers et Délégués se transformassent, à ses yeux, en autant d'inspecteurs primaires. (Circulaire du 25 mars 1887).

Deux autorités que l'Instituteur doit connaître particulièrement : l'Inspecteur primaire et le Délégué cantonal.

1° L'Inspecteur primaire

SON ROLE

Ce que le directeur de l'Ecole normale a formé, c'est à l'inspecteur primaire de le conserver et de le développer.

« Vous êtes des inspecteurs, disait Jules Ferry, au Congrès pédagogique de 1880, en s'adressant aux supérieurs hiérarchiques de l'instituteur, mais je n'aime pas beaucoup ce titre, car vous devez être quelque chose de plus que des surveillants, vous devez être, j'ai dit le mot et je le reprends, des amis vigilants pour l'instituteur.... Vous n'êtes pas seulement pour lui un soutien, un support, un lien, vous êtes les garants de son indépendance. Vous êtes les organes immédiats, agissants, toujours présents, de l'autorité qui assure à l'instituteur la sécurité. Et qu'est-ce que la sécurité pour l'instituteur? C'est la conscience qu'il ne sera jamais apprécié et jugé que d'après son mérite. »

LE RAPPORT D'INSPECTION

L'article 236 de l'arrêté du 18 janvier 1887 prescrit à l'inspecteur primaire d'adresser, à la suite de chaque inspection, un rapport à l'inspecteur d'Académie dans le délai de 15 jours au plus.

Ce rapport contient nécessairement deux parties distinctes : 1° une notice sur l'école et sur chacune des classes en particulier, notice résumant les observations de l'inspecteur sur l'état matériel de l'école, la marche de l'enseignement, les résultats obtenus dans chaque classe, ainsi que l'indication des principales améliorations à introduire ; 2° des notices individuelles sur le personnel, comprenant une appréciation sur chacun des maîtres attachés à l'école.

Il est recommandé à l'inspecteur primaire de laisser de sa visite une trace écrite qui sera la même dans ses mains et dans les mains de l'instituteur. De quelque façon qu'il soit rédigé, transmis et conservé, le bulletin d'inspection ne peut et ne doit être que l'exacte reproduction des notes prises par l'inspecteur primaire au cours de sa visite et transmises à l'Inspection académique. Il importe que l'instituteur prenne copie et accuse réception à son chef direct des observations qui lui ont été faites, des conseils qu'il a reçus, des engagements qu'il a pris. Chacun de ces bulletins allant se placer dans le dossier de l'instituteur, chaque fonctionnaire se trouvera avoir par devers lui le double de son dossier ; il y trouvera les avertissements et les encouragements qu'il a mérités ; il y trouvera aussi, le cas échéant, l'explication des mesures qui seront prises à son égard en rapport avec les appréciations dont il aura été l'objet et notamment la raison de son avancement au choix plus ou moins rapide (Circulaire du 12 juin 1894).

Pour les attributions de l'inspecteur primaire, se reporter au décret du 18 janvier 1887, art. 128 et 129.

2° Le Délégué cantonal

SA NOMINATION

Nul ne peut être délégué cantonal, s'il n'est Français et âgé de 25 ans au moins (Décret du 18 janvier 1887, art. 136).

Nul chef ou professeur d'un établissement quelconque d'instruction primaire ne peut être délégué cantonal (Même décret, art. 137).

Les femmes peuvent être déléguées cantonales (Chambre des députés. — Séance du 29 mars 1886).

Les délégués cantonaux sont nommés pour 3 ans par le Conseil départemental, rééligibles et révocables (Loi du 30 octobre 1886, art. 52).

La circulaire du 5 décembre 1887 recommande de faire entrer l'élément agricole dans les délégations cantonales.

Celle du 10 janvier 1900 invite les Préfets à rechercher avec soin le concours des véritables amis de l'école; à écarter toute personne qui enverrait ses enfants dans des établissements en concurrence avec l'enseignement public ou qui patronnerait ces établissements.

Le délégué cantonal n'a entrée que dans les écoles soumises spécialement par le Conseil départemental à sa surveillance. Ces écoles peuvent être publiques ou privées (Décret du 18 janvier 1887, art. 138. Loi du 30 octobre 1886, art. 52).

SON ROLE DÉFINI PAR LA CIRCULAIRE DU 25 MARS 1887

Le service que la société attend de lui, ce n'est pas de corriger des dictées et des problèmes, de classer des copies d'élèves ou de mettre à l'épreuve le savoir des maîtres : on l'a chargé d'un office beaucoup moins précis, il est vrai, mais autrement délicat et dont l'importance ne peut lui échapper. Il entre dans une classe, lui qui vient du dehors ; il est impossible qu'il ne soit pas frappé de certains traits que peut-être ni l'instituteur, ni l'inspecteur ne remarquent plus. Plus sûrement que personne, il appréciera la tenue des élèves, l'entrain de la classe, l'ardeur ou l'inertie qui s'y trahit, les habitudes d'attention, d'ordre, de ponctualité, l'affection et la confiance que le maître a su inspirer, l'esprit enfin qui règne à l'école et qui se lit partout, sur les visages et dans les cahiers. Arrive-t-il inopinément ? Ce n'est pas en faisant tout suspendre pour ouvrir une sorte de séance d'apparat qu'il se renseignera le mieux, c'est en demandant aux maîtres de vouloir bien continuer sans rien changer : moins il troublera l'ordre de la classe, mieux il jugera au fond le maître et les élèves. Veut-il prendre part à une interrogation, adresser quelques questions aux élèves ? Veut-il examiner les cahiers, les devoirs, les cartes, les dessins ? Veut-il surtout examiner l'ensemble des cahiers mensuels ? Tout est à sa disposition, et il fera bien de témoigner qu'il s'intéresse à tout dans l'école. Qu'il se souvienne seulement que s'il doit s'efforcer de tout voir, de tout entendre, de tout observer, ce n'est pas au point de vue technique de l'homme du métier, mais à un point de vue plus général, celui de la famille et de la société. Il n'est pas l'inspecteur de l'enseignement primaire ; on pourrait plutôt l'appeler l'inspecteur de l'éducation.

Les délégués cantonaux doivent porter, avant tout, leur sollicitude sur les besoins matériels de l'école. Ils sont ses avocats devant les autorités scolaires et municipales. Ils réclament en sa faveur le concours des communes (Circulaire du 10 juillet 1895).

Leurs attributions sont énumérées dans la loi du 30 octobre 1886, art. 52, le décret du 18 janvier 1887, art. 138 à 141.

L'Instituteur peut-il permettre l'entrée de l'école à d'autres personnes que celles que nous avons énumérées ?

Nous avons vu que l'entrée des écoles publiques de tout ordre est formellement interdite, à moins d'une autorisation spéciale, à toute personne autre que celles qui sont désignées par la loi pour l'inspection et la surveillance des établissements d'instruction primaire.

Toutefois, les Préfets et Sous-Préfets ont entrée dans les écoles publiques de leurs départements ou de leurs arrondissements respectifs (Décret du 18 janvier 1887, art. 145).

L'INSTITUTEUR EST INSTALLÉ DANS SON POSTE; IL S'OCCUPE DE SES INTÉRÊTS MATÉRIELS LE LOGEMENT

Toute commune est obligée de fournir aux instituteurs et institutrices publics un local *convenable* pour leur habitation (Décret du 18 janvier 1887, art. 12).

Mais que faut-il entendre par ce mot « *convenable* » ?

L'article 1er du décret du 25 octobre 1894 nous donne la réponse à cette question :

« Le logement convenable, tel que l'a prévu l'article 48, paragraphe 15, de la loi du 25 juillet 1893, doit se composer au minimum :

1° Pour tout instituteur, marié ou non, placé à la tête d'une école primaire élémentaire :

Dans les communes de moins de 12.000 habitants, d'une cuisine-salle à manger et de trois pièces à feu ;

Dans les communes de 12.000 habitants et au-dessus, d'une cuisine, d'une salle à manger et de trois pièces à feu ;

2° Pour tout adjoint titulaire ou stagiaire marié et pour tout instituteur placé à la tête d'une école de hameau :

D'une cuisine-salle à manger et de deux pièces à feu ;

3° Pour tout adjoint célibataire, titulaire ou stagiaire : De deux pièces, dont une à feu.

Tous les maîtres désignés ci-dessus doivent avoir en outre à leur disposition soit une cave, soit un débarras servant de cellier et de bûcher, ainsi que l'usage privé (art. 1er) ».

« Les dispositions de l'article premier sont applicables aux institutrices exerçant dans les écoles de filles ou dans les écoles maternelles. Toutefois, toute adjointe célibataire, titulaire ou stagiaire, a droit à une cuisine distincte (art. 2) ».

COMMENT L'ART. 1er DU DÉCRET DU 25 OCTOBRE 1894 DOIT ÊTRE INTERPRÉTÉ

Est-ce à dire que tout maître puisse demander l'aménagement de la maison d'école dans les conditions ci-dessus spécifiées ?

Non ; les prescriptions du décret du 25 octobre 1894 n'étaient applicables qu'aux projets de constructions scolaires qui devaient être *désormais* soumis à l'approbation ministérielle et pour lesquels les communes demanderaient le concours de l'Etat (Même décret, art. 3).

Il demeurait entendu qu'elles ne pouvaient avoir d'effet rétroactif et que les instituteurs ne sauraient les invoquer pour exiger immédiatement des municipalités le logement convenable tel qu'il est déterminé par les articles 1 et 2 précités.

« Je compte sur le bon esprit des maîtres aussi bien que sur celui des municipalités, écrivait M. le Ministre, le 27 novembre 1894, pour concilier les intérêts quelquefois opposés, mais toujours aussi également respectables des uns et des autres et pour résoudre au mieux des convenances de chacun les difficultés que pourra rencontrer dans la pratique l'application des nouvelles dispositions édictées par le décret du 25 octobre ».

L'indemnité représentative de logement

L'art. 4 de la loi du 19 juillet 1889 attribuait aux instituteurs titulaires et stagiaires, à défaut de logement, une indemnité représentative dont le taux a été fixé par décret du 20 juillet 1894 (art. 1) :

Communes de moins de 1 000 habitants, de 75 francs à 125 francs ;
Communes de 1 001 à 3 000 habitants, de 100 francs à 150 francs ;
Communes de 3 001 à 9 000 habitants, de 125 francs à 175 francs ;
Communes de 9 001 à 12 000 habitants, de 150 francs à 200 francs ;
Communes de 12 001 à 18 000 habitants, de 175 francs à 225 francs ;
Communes de 18 001 à 36 000 habitants, de 200 francs à 250 francs ;
Communes de 36 001 à 60 000 habitants, de 225 francs à 275 francs ;
Communes de 60 001 à 100 000 habitants, de 250 fr. à 300 francs ;
Communes de 100 000 habitants et au-dessus, de 300 francs à 400 francs ;
Paris, de 600 francs à 700 francs ;
Communes du département de la Seine, de 200 francs à 400 francs ;
Communes d'Algérie, en ce qui concerne les écoles destinées aux Européens, de 200 francs à 300 francs.

Le chiffre de l'indemnité est arrêté pour chaque école et pour chaque maître par le préfet, dans les limites déterminées par l'art. 1er du décret susvisé, après avis du Conseil municipal et de l'inspecteur d'Académie.

Il ne peut être modifié que dans la même forme (art. 3).

En ce qui concerne les directeurs d'écoles, les chiffres minima et maxima sont augmentés d'un cinquième, ce qui ne leur enlève pas le bénéfice de l'augmentation du 1/4 accordée aux instituteurs mariés, ou veufs avec enfants, ou divorcés avec un ou plusieurs enfants à leur charge (art. 2) (Circulaire du 16 août 1894).

Le logement de l'Instituteur devient inhabitable

Nous supposons que le Conseil municipal ne veut consentir à aucune amélioration, et que, d'autre part, il se refuse à accorder à l'instituteur soit un autre logement, soit une indemnité représentative. Examinons les 3 solutions qui peuvent être réservées à cette question.

1° ENTRETIEN ; RÉPARATION ; CONSTRUCTION

Le logement des maîtres, — par conséquent, son entretien, — est une dépense à la charge de la commune (Loi du 19 juillet 1889, art. 4).

Or, lorsqu'un Conseil municipal n'alloue pas les fonds exigés par une dépense obligatoire, ou n'alloue qu'une somme insuffisante, l'allocation peut être inscrite au budget par arrêté du préfet en Conseil de préfecture pour les communes dont le revenu est inférieur à 3 millions. — Cette inscription ne peut, bien entendu, être opérée que si le Conseil municipal a été, au préalable, appelé à prendre une délibération sur la question du logement (Loi du 5 avril 1884, art. 149).

LA COMMUNE A DES RESSOURCES DISPONIBLES POUR LES TRAVAUX D'ENTRETIEN, DE RÉPARATION, DE CONSTRUCTION, MAIS NE VEUT PAS PAYER

Il y a, dans ce cas, une mauvaise volonté évidente de la part du maire.

C'est l'article 152 de la loi du 5 avril 1884 qui, en l'espèce, est applicable : « Le maire peut seul délivrer des mandats. — S'il refusait d'ordonnancer une dépense régulièrement autorisée et liquide, il serait prononcé par le préfet en Conseil de préfecture, et l'arrêté du préfet tiendrait lieu du mandat du maire. »

LES RESSOURCES DE LA COMMUNE SONT INSUFFISANTES POUR LES TRAVAUX DE RÉPARATION OU DE CONSTRUCTION

La dépense obligatoire a été inscrite d'office en vertu de l'article 149 de la loi du 5 avril 1884. Il y est alors pourvu par le Conseil municipal, ou, en cas de refus de sa part, au moyen d'une contribution extraordinaire établie d'office par un décret si la contribution extraordinaire n'excède pas le maximum à fixer annuellement par la loi de finances et par une loi spéciale si la contribution doit excéder ce maximum.

2° LE LOGEMENT NE PEUT ÊTRE ASSURÉ QUE PAR UNE LOCATION D'IMMEUBLE

La situation financière de la commune laisse à désirer. — Les travaux d'appropriation s'élèveraient à une somme trop considérable. — Une location d'immeuble est la meilleure solution. Le préfet, sur l'avis de l'inspecteur d'Académie, approuve les conditions du bail. Il invite le maire de la commune à passer le contrat, et, en cas de refus de la part de ce dernier, il y fait procéder par un délégué spécial, conformément à l'art. 85 de la loi du 5 avril 1884.

3° L'INSPECTEUR D'ACADÉMIE ET LE PRÉFÉT SONT D'AVIS QU'IL Y A LIEU D'OBLIGER LA COMMUNE A PAYER PUREMENT ET SIMPLEMENT A L'INSTITUTEUR L'INDEMNITÉ REPRÉSENTATIVE PRÉVUE PAR LE DÉCRET DU 20 JUILLET 1894.

Cette indemnité peut être inscrite d'office au budget communal, conformément à l'art. 149 de la loi du 5 avril 1884 (Voir plus haut : 1°).

Cas particuliers

Mentionnons trois situations spéciales où peut se trouver placé l'instituteur :

a) *Il est dans l'impossibilité de se loger convenablement moyennant l'indemnité réglementaire.* — C'est le préfet qui fixe alors, sur le rapport de l'inspecteur d'Académie et après avis du Conseil municipal, le montant de l'indemnité complémentaire (Décret du 20 juillet 1894, art. 3).

b) *La commune lui fournit, à défaut de logement, une indemnité représentative, mais il est dans l'impossibilité de trouver dans la localité un logement convenable.* — L'autorité supérieure peut, dans ce cas, contraindre la commune à construire (Avis du Conseil d'Etat, 2 juillet 1891).

c) *Il est marié avec une institutrice exerçant dans la même commune.* — La commune a accompli ses obligations légales lorsqu'elle lui a procuré un logement unique, établi conformément aux exigences des règlements. Si elle ne lui fournit pas de logement, elle n'est débitrice à son égard que d'une seule indemnité représentative, à savoir celle qui est déterminée par le décret du 20 juillet 1894 pour les instituteurs mariés (Avis du Conseil d'Etat, 15 novembre 1898).

LE JARDIN

A. — La commune est-elle tenue de fournir un jardin a l'instituteur?

La section de l'Intérieur, des Cultes, de l'Instruction publique et des Beaux-Arts du Conseil d'Etat, se fondant sur ce que la déclaration d'expropriation pour cause d'utilité publique ne peut être prononcée dans l'intérêt particulier d'un fonctionnaire a émis l'avis qu'il n'y a pas lieu, lorsqu'il s'agit d'acquisition d'immeubles pour installation d'écoles, d'étendre le bénéfice de cette déclaration aux terrains à affecter à des jardins d'instituteur ou d'institutrice (21 juin 1900) (1).

Toutefois, les administrations municipales *ont la possibilité, lorsqu'elles le désirent*, de doter maîtres et maîtresses d'un jardin privé *à la condition d'en faire l'acquisition à l'amiable :* tel est l'esprit de la circulaire du 6 mars 1901 qui régit la matière. Il n'y a donc pas obligation pour la commune d'annexer à la maison d'école un jardin destiné à l'usage personnel de l'instituteur. On peut affirmer cependant que dans presque

---

(1) Avis semblable pour les champs d'expériences agricoles (Circulaire du Ministre de l'Intérieur, 17 septembre 1907).

tous les villages ce jardin existe, parce que l'instruction du 31 décembre 1847, les circulaires du 31 décembre 1867 et du 11 décembre 1887 en ont recommandé la création : il sert en même temps à l'enseignement des sciences naturelles. Nous sommes ainsi amené à envisager cette question :

B. — Des moyens d'accroître la valeur du jardin communal

L'instituteur peut demander au Conservateur des forêts de sa région des plants d'essences diverses : cerisiers, poiriers, pêchers, pommiers, pruniers, vignes, rosiers, etc : le choix est laissé à l'appréciation des agents forestiers. Mais les frais d'extraction, de transport et d'emballage jusqu'à la gare la plus rapprochée du lieu de destination restent à la charge de l'Etat. Ces plants sont distribués à titre de récompense aux élèves de l'école communale qui les utilisent dans le jardin communal sous la direction du maître ou d'après ses indications (Circulaire du 31 mars 1897 de M. le Conseiller d'Etat, directeur des forêts).

C. — Quelles sont les formalités a remplir pour la délivrance gratuite des plants ?

Il suffit d'adresser une demande sur papier libre au Conservateur des forêts de la région. Ci-après un modèle de demande :

M..... (nom et prénoms), instituteur à....., a l'honneur de prier M. le Conservateur des forêts à..... de lui faire envoyer, en exécution de la décision du 31 mars 1897 de M. le Conseiller d'Etat, directeur des forêts, cent ou cent cinquante..... (nombre désiré)..... plants des essences forestières susceptibles de végéter dans les terrains de la commune de.....

COMMENT LA DEMANDE PEUT-ELLE ÊTRE TRANSMISE?

Elle peut être transmise par le maire de la commune sous son contreseing.

D. — Cas ou l'instituteur a un ou plusieurs adjoints sous sa direction

En principe, le directeur de l'école a droit à l'intégralité du jardin. Mais le Conseil municipal peut décider qu'une partie du terrain sera réservée aux adjoints. En l'absence de toute convention particulière, nous engageons ceux-ci à soumettre la question du partage du jardin à l'assemblée municipale.

LE TRAITEMENT

Nous ne mentionnerons pas ici des chiffres qui sont connus de tous ; nous insisterons plutôt sur une législation ignorée d'un certain nombre de maîtres.

Principes adoptés pour le classement des Instituteurs et Institutrices

AGE MINIMUM

L'âge minimum à partir duquel les années sont comptées est 18 ans pour les instituteurs, 17 ans pour les institutrices.

FORME ET NATURE DE LA NOMINATION

En ce qui concerne la forme et la nature de la nomination, la seule condition à remplir, pour que les services soient comptés au tableau d'ancienneté, est la production d'une pièce établissant que le fonctionnaire a exercé en vertu d'un acte régulier, *sans qu'il soit nécessaire d'ailleurs qu'il ait subi de retenue pour le service des pensions civiles.*

INTERRUPTIONS DE SERVICE

Ne peuvent entrer dans le calcul de l'ancienneté, les interruptions de service autres que les congés pour cause de maladie. Voir, pour les congés de maladie, la page 43. Se reporter à la même page pour les congés relatifs au service militaire.

Nous rappelons qu'un maître ne peut obtenir au cours de la même année plus de six mois de congé avec traitement (Circulaire du 21 avril 1897).

Ne sont pas considérées comme congés les simples autorisations d'absence d'une durée de quelques jours accordées par les inspecteurs d'Académie et les préfets.

COMMENT EST CALCULÉE L'ANCIENNETÉ GÉNÉRALE DE SERVICES

On fait entrer dans l'ancienneté générale de services le temps passé :

a) — A l'Ecole normale à partir de 18 ans pour les instituteurs, de 17 ans pour les institutrices ;

b) — Dans les écoles *publiques* congréganistes ;

c) — Dans un enseignement spécial relevant du Ministère de l'Instruction publique ;

d) — Dans les écoles primaires professionnelles annexées à des établissements publics ressortissant à d'autres administrations que celle de l'Instruction publique ;

e) — En général, dans tous les établissements publics d'enseignement ;

f) — Dans les écoles primaires publiques de tous ordres par les suppléants auxiliaires. Les suppléances sont comptées pour leur durée effective (*Annuaire*).

LE TABLEAU D'ANCIENNETÉ

Les instituteurs doivent vérifier si des erreurs ne se sont pas glissées dans l'évaluation de leurs services sur le tableau d'ancienneté dressé par l'Inspection académique.

Règles générales de comptabilité publique applicables au traitement de l'Instituteur

Les traitements et les émoluments assimilés aux traitements se liquident par mois ou par trimestre et sont payables à l'échéance. Chaque mois, quel que soit le nombre de jours dont il se compose, compte pour trente jours. Le douzième de l'allocation annuelle se divise en conséquence par trentième ; chaque trentième est indivisible.

Les états ou décomptes mensuels de liquidation portent sur le douzième des allocations annuelles. Les centimes compris dans ce douzième entrent dans le décompte, *mais toute fraction de centime se néglige*. Ces décomptes présentent distinctement les diverses retenues à exercer au profit du Trésor pour le service des pensions civiles ou pour toute autre cause, et font ressortir une somme nette à payer à chaque titulaire. *Un centime entier est alloué au Trésor toutes les fois qu'il a droit à une fraction quelconque de centime* (Règlement de comptabilité du Ministère, art. 69. — Circulaires des 12 janvier 1891 et 7 janvier 1898).

LES RETENUES SUR LE TRAITEMENT

Aux termes de l'art. 23 de la loi de finances du 29 mars 1897, « le 2° de l'art. 3 de la loi du 9 juin 1853, qui détermine les retenues à supporter par les fonctionnaires directement rétribués par l'État sur les sommes qui leur sont payées à titre d'émolument personnel, a été modifié ainsi qu'il suit :

2° Une retenue du douzième des mêmes rétributions, lors de la première nomination ou dans le cas de réintégration, à prélever par quart sur les quatre premières mensualités, et du douzième de toute augmentation ultérieure. »

Mode de procéder

Dans cet ordre d'idées, l'expression *mensualité* dont s'est servie la loi doit s'entendre du traitement acquis *pour un mois entier*. Lors donc que le point de départ de la liquidation du traitement se trouvera fixé au 1er d'un mois, on prélèvera simplement sur le traitement afférent à chacun des quatre premiers mois (déduction faite, bien entendu, de la retenue du vingtième) une somme égale au quart du premier douzième. Quand, au contraire, un fonctionnaire aura été installé dans le cours d'un mois, le prorata du traitement net afférent à ce mois lui sera payé intégralement, et la retenue du premier douzième ne commencera à être versée que sur la mensualité suivante (Circulaire du 11 février 1898).

Dans le cas où le premier douzième net n'est pas exactement divisible par 4, les centimes non divisibles doivent être prélevés avec le premier quart de ce douzième (Même circulaire).

Cas particuliers : décès, démission, révocation

Il résulte des dispositions de l'article 2 du décret du 28 juillet 1897, qu'en cas de décès, de démission ou de révocation d'un agent avant que la retenue du douzième ait été intégralement effectuée, le reliquat restant dû sur cette retenue deviendra immédiatement exigible jusqu'à concurrence des sommes acquises à l'agent sur son traitement. Si le reliquat du traitement est insuffisant pour couvrir la dette de l'agent, il ne sera exercé aucune poursuite contre lui ni contre ses représentants.

Toutefois si l'agent démissionnaire ou révoqué est ultérieurement réintégré dans le même emploi ou dans un emploi différent, le Trésor reprend ses droits, et ce, sans préjudice de l'application de l'article 25 du décret du 9 novembre 1853, d'après lequel : « Le fonctionnaire démissionnaire, révoqué ou destitué, s'il est réadmis dans un emploi assujetti à la retenue, subit de nouveau la retenue du premier mois de son traitement... » Un fonctionnaire réintégré pourra donc avoir à subir simultanément deux retenues, savoir : d'une part, la totalité du reliquat de la retenue du douzième dont le premier traitement était passible, et dont l'agent ne s'était pas encore libéré au moment de sa sortie de fonctions, et, d'autre part, la retenue du douzième de son traitement, répartie sur quatre mensualités (Circulaire du 11 février 1898).

RETENUE DU DOUZIÈME D'AUGMENTATION

Elle est égale à la différence entre le net ancien et le net nouveau et ne comporte pas de fraction de centime à forcer ou à négliger.

Ex. : Traitement porté de 1.000 à 1.100 francs.

Net mensuel pour le traitement de 1.100 =	87.07
» » 1.000 =	79,16
Retenue du douzième d'augmentation =	7,91

(Règlement de comptabilité du Ministère, art. 61. Circulaire du 9 août 1897, de la Direction générale de la comptabilité publique.)

MUTATION VOLONTAIRE D'EMPLOI

Celui qui, par mesure disciplinaire ou par mutation volontaire d'emploi, est descendu à un traitement inférieur, subit la retenue du premier $^1/_{12}$ des augmentations subséquentes.

(Décret du 9 novembre 1853, art. 25. Règlement de comptabilité publique, art. 61.)

---

(1) Il est réintégré dans la dernière classe. (Décision ministérielle du 17 octobre 1899.)

CHANGEMENT DE DÉPARTEMENT CERTIFICAT NÉCESSAIRE

L'Instituteur, qui apparaît pour la première fois dans un département et n'y subit aucune retenue à titre de premier douzième d'augmentation ou de nouveau traitement, doit remettre à l'Inspection académique un certificat (du Préfet ou de l'Inspecteur d'académie du département d'où il vient), faisant connaître sa situation antérieure et indiquant sur quel traitement il a subi les retenues réglementaires pour pensions civiles (Injonction de la Cour des comptes, 31 décembre 1900).

PETIT BARÈME POUR LE CALCUL DU TRAITEMENT DE L'INSTITUTEUR

Traitement annuel	Traitement mensuel		
	Brut	Retenue du $\frac{1}{20}$	Net
1000	83,33	4,17	79,16
1100	91,66	4,59	87,07
1200	100	5	95
1300	108,33	5,42	102,91
1400	116,66	5,84	110,82
1500	125	6,25	118,75
1600	133,33	6,67	126,66
1700	141,66	7,09	134,57
1800	150	7,50	142,50
1900	158,33	7,92	150,41
2000	166,66	8,34	158,32
2100	175	8,75	166,25
2200	183,33	9,17	174,16
2300	191,66	9,59	182,07
2400	200	10	190
2500	208,33	10,42	197,91
2600	216,66	10,84	205,82
2800	233,33	11,67	221,66

A). — ERREURS DANS LE MANDATEMENT

En règle générale, l'instituteur doit retourner à l'Inspection académique le mandat qui lui est adressé avec une erreur dans le décompte de son traitement : un autre mandat sera établi, s'il y a lieu, par les soins de la Préfecture, après annulation du premier.

Admettons cependant, qu'en violation de cette règle, l'instituteur ait touché un mandat renfermant une erreur de calcul. Quelles sont les formalités nécessaires pour l'acquittement de la créance réellement due ?

Distinguons trois cas :

1° *La somme portée sur le mandat est inférieure à celle que doit toucher l'intéressé.* — L'opération la plus simple consiste à établir un mandat supplémentaire représentant la différence entre la somme due et la somme payée.

2° *La retenue du $^1/_{12}$ d'augmentation a été indûment exercée sur son traitement.* — Il est préférable alors que le fonctionnaire attende une nouvelle promotion de classe, — s'il peut y prétendre, — pour obtenir satisfaction.

Ayant subi la retenue du $^1/_{12}$ sur une augmentation de 100 francs, par exemple, il ne la subira pas de nouveau sur une augmentation équivalente.

Au cas où il insisterait, le trésorier-payeur général ne pourrait évidemment s'opposer à ce que sa demande en remboursement soit prise en considération, mais celui-ci devrait demander à la Cour des Comptes justification qu'il a déjà subi la retenue indûment prélevée ; ce qui complique les formalités et entraîne de longs délais.

3° *La somme portée sur le mandat est supérieure à celle qu'il doit recevoir.* — C'est l'article 137 du règlement de comptabilité publique en date du 16 octobre 1867 qui, en l'espèce, est applicable :

« Les reversements de fonds provenant de restitution

pour cause de trop payé à des créanciers de l'État sont effectués d'office ou en vertu d'un ordre de reversement. Ils sont suivis à la diligence des liquidateurs ou ordonnateurs des dépenses.

« Ces reversements ont lieu à la Caisse centrale du Trésor public, à Paris, ou aux Caisses des receveurs des finances dans les départements.

« Le débiteur est tenu de rapporter, pour sa décharge, un récépissé à talon de la somme par lui versée, lequel doit être adressé à la division de comptabilité pour l'annulation, s'il y a lieu, en tout ou en partie, de l'ordonnance du mandat acquitté ».

Peut-il s'opposer au reversement? — En cas de refus de reversement, il est statué par le ministre sur la proposition des chefs de services administratifs, et l'arrêté qui constate le débet est adressé au ministre des Finances pour l'enregistrement du débet et la transmission de l'arrêté au Directeur du contentieux des finances, qui fait poursuivre le recouvrement par l'agent judiciaire du Trésor.

B). — LES AGENTS CHARGÉS DE LA DÉPENSE PEUVENT-ILS SE REFUSER A PAYER UN MANDAT?

L'article 120 du Règlement de 1841 statuait que le payement d'une ordonnance ou d'un mandat ne pouvait être suspendu que pour cause d'omission ou d'irrégularité matérielle dans les pièces produites ; c'est-à-dire lorsque la somme portée dans l'ordonnance ou le mandat n'était pas d'accord avec celle qui résultait des pièces justificatives ou lorsque ces pièces n'étaient pas conformes aux prescriptions des règlements. Dans l'article 136 du Règlement du 16 octobre 1867, il est dit que l'irrégularité matérielle peut résulter d'une fausse indication non seulement de somme, mais aussi de nom et de service. Le même article spécifie, en outre, comme pouvant donner lieu à un refus de payement, le cas où il se produirait des réquisitions qui eussent pour effet, soit de faire acquitter une dépense sans qu'il y eût disponibilité de crédit chez le comptable ou justification du service fait, soit de faire effectuer un payement suspendu pour des motifs touchant à la validité de la créance.

En cas de refus de payement, le comptable est tenu de remettre immédiatement la déclaration écrite et motivée de son refus au porteur de l'ordonnance ou du mandat, et il en adresse copie le jour même au ministre des Finances. Si malgré cette déclaration, le ministre de l'Instruction publique ou l'ordonnateur secondaire requiert, par écrit, et sous sa responsabilité, qu'il soit passé outre au payement, le comptable y procède sans autre délai...

C). — UN MANDAT PEUT-IL ÊTRE ACQUITTÉ SUR DES CRÉDITS AUTRES QUE CEUX DE L'EXERCICE AUQUEL IL SE RAPPORTE? QUAND EST-IL FRAPPÉ PAR LA PRESCRIPTION?

Le mandat est payable jusqu'à la clôture de l'exercice. Faute par le porteur de se présenter à la caisse de l'agent de la recette chargé du payement, avant le 20 avril [1] de l'année suivante ou à celle du Trésorier-payeur général jusqu'au 30 du même mois, le mandat délivré à son profit est annulé et il ne peut plus recevoir le montant de sa créance qu'après en avoir obtenu le réordonnancement sur un autre exercice, ce qui entraîne de longs délais.

Toute créance qui n'a pas été acquittée sur les crédits de l'exercice auquel elle se rapporte ne peut plus être payée qu'à titre de rappel sur exercice clos, dans les délais fixés par l'article 159 du Règlement précité :

---

(1) 20 février pour les dépenses départementales (Décret du 20 janvier 1900, art. 7).

« Sont prescrites et définitivement éteintes au profit de l'Etat..... les créances qui, n'ayant pas été acquittées avant la clôture des crédits de l'exercice auquel elles appartiennent, n'auraient pu, à défaut de justifications suffisantes, être liquidées, ordonnancées et payées dans un délai de 5 années, à partir de l'ouverture de l'exercice, pour les créanciers domiciliés en Europe, et de 6 années pour les créanciers résidant hors du territoire Européen. »

Cette disposition n'est évidemment pas applicable aux créances dont l'ordonnancement et le payement n'ont pu être effectués dans les délais déterminés par le fait de l'Administration ou par suite de pourvois formés devant le Conseil d'Etat (Règlement du 16 octobre 1867, art. 159).

La déchéance quinquennale ne peut être invoquée pour les dépenses départementales qui restent soumises aux prescriptions du droit commun énumérées au titre XX du Code civil.

QUAND LE MANDAT PEUT-IL ÊTRE PAYÉ?

Les traitements ou émoluments des fonctionnaires qui se liquident par mois ou par trimestre et à terme échu peuvent être payés le dernier jour du mois ou du trimestre. Lorsque le dernier jour est un dimanche ou un jour férié, le payement est reporté au lendemain (Circulaire du 10 février 1897).

Cette interprétation doit être appliquée sans distinction aux traitements ou émoluments payés sur les fonds de l'Etat aussi bien que sur les fonds des départements et des communes. Les Préfets ont été invités, en 1897, à en avertir les Maires qui ont à émettre des mandats pour le payement des allocations de cette nature aux fonctionnaires de l'enseignement public.

PAR QUI LE MANDAT PEUT-IL ÊTRE TOUCHÉ?

En conformité des règlements sur la matière, les acquits de mandats doivent être datés et signés par la partie prenante, devant l'agent de la dépense, et au moment même du payement. — Il est recommandé aux comptables « de s'assurer de l'identité des parties prenantes et de ne payer qu'au titulaire lui-même ou à son mandataire dûment accrédité. » (Circulaire, comptabilité publique, 20 septembre 1880.)

L'article 125 du Règlement du 16 octobre 1867 dispose d'ailleurs qu'aucun payement ne peut être effectué qu'au véritable créancier justifiant de ses droits et pour l'acquittement d'un service fait... »

Si donc l'instituteur ne peut toucher lui-même son mandat, il devra remettre au comptable du Trésor une procuration sur timbre à 0 fr. 60, donnant cette faculté à une autre personne (Instruction du 1er janvier 1810, art. 23).

Sa signature sera légalisée par le maire de la commune qu'il habite et celle du maire par le sous-préfet ou le préfet pour l'arrondissement chef-lieu (Loi du 2 mai 1861. Circulaire du ministre de l'Intérieur, 21 mai 1886).

En aucun cas, le comptable n'a le droit d'exiger que la procuration sous-seing privé soit enregistrée (Circulaires des 25 août 1864, 5 mai 1881, § 4, 21 janvier 1892, Caisse des dépôts et consignations).

Quand il s'agit de mandats collectifs, il peut être suppléé aux quittances individuelles par des états d'émargements dûment certifiés, mais alors l'état nominatif de liquidation doit porter l'émargement des ayants-droit et être acquitté par la personne autorisée à recevoir en leur nom le montant du mandat. — Les pouvoirs d'émarger que donnent, en cas d'éloignement de leur résidence et par forme de lettre, conformément à l'article

1985 du Code civil, les employés et préposés des administrations, sont dispensés du timbre et de l'enregistrement (règlement du 16 octobre 1867, Annexe).

OU LE MANDAT PEUT-IL ÊTRE TOUCHÉ ?

Le mandat revêtu du : « Vu, bon à payer » est payable indistinctement par tous les comptables du département : trésorier-payeur général, receveurs particuliers, percepteurs, receveurs des revenus indirects (Ordonnance du 20 juin 1859, art. 661).

Ces derniers toutefois n'interviennent qu'à défaut des percepteurs et s'ils ont des fonds en caisse (Même article).

Lorsque le percepteur ne réside pas dans la commune où exerce l'instituteur, celui-ci ne doit donc pas hésiter à demander le paiement de son mandat soit au receveur des régies financières, soit au receveur d'enregistrement, soit au receveur des postes qui peut être en fonctions dans ladite commune : il évitera ainsi une longue attente ou une démarche au lieu de la perception.

Cette facilité lui est même reconnue dans le cas où le percepteur serait absent pour cause réglementaire : tournée de recouvrement, versement à la Recette particulière ou à la Trésorerie générale ; l'un quelconque des receveurs ci-dessus énumérés pourrait effectuer le paiement demandé.

Supposons maintenant que l'instituteur se trouve dans un autre département que celui où a été établi et visé son mandat ; peut-il le toucher ?

En principe, les comptables du Trésor ne sont pas tenus de payer les mandats de dépenses publiques qui leur sont présentés et qui sont assignés payables dans d'autres départements. C'est seulement une faculté qui leur est accordée quand les titulaires leur sont connus, et le paiement peut toujours être subordonné à l'encaissement des valeurs par le comptable sur la caisse duquel elles sont délivrées payables.

PERTE DU MANDAT

En cas de perte d'un mandat, il en est délivré un duplicata sur la déc[illegible]ation motivée de la partie intéressée, et d'après l'attestation écrite du comptable chargé du paiement portant que le mandat n'a été acquitté ni par lui, ni pour son compte et sur son visa, par aucun autre comptable concourant au service des paiements. (Règlement du 16 octobre 1867 sur la comptabilité publique, art. 100).

Modèle de déclaration de perte d'un mandat

Je soussigné (nom, prénoms, qualité, domicile), déclare avoir perdu le mandat de la somme de francs centimes qui m'a été délivré par M. le Préfet de , sous le n° , le 19 , et demande qu'il m'en soit délivré un autre *par duplicata*.

Je m'engage, d'ailleurs, à rapporter le premier s'il venait à être retrouvé, et dans le cas où il aurait été payé par toute autre caisse que celle de M. le Trésorier-payeur général du département d j'en verserais le montant dans ladite caisse.

A , le 19 .

(La déclaration doit être établie sur une feuille de papier timbré à 0 fr. 60.)

LE MANDAT DE TRAITEMENT EST-IL SAISISSABLE?

La loi du 12 janvier 1895 établit que les traitements des fonctionnaires publics et employés civils sont saisissables, mais seulement jusqu'à concurrence du dixième lorsqu'ils ne dépassent pas 2000 francs. — Au delà de 2000 francs, il est fait application de la loi du 21 ventôse, an IX : la retenue est alors du 1/5 sur les premiers 1000 francs, du 1/4 sur les 5000 francs suivants et du 1/3 sur la portion excédant 6000 francs, à quelque somme qu'elle s'élève ; et ce, jusqu'à l'entier acquittement des créances.

FIN DE LA JOUISSANCE DU TRAITEMENT

Les droits d'un titulaire d'emploi ou d'un intérimaire à la jouissance du traitement s'éteignent le lendemain du jour de la cessation du service par suite soit de décès, soit de démission, suspension ou abandon de fonctions (Règlement de comptabilité publique, art. 35).

L'instituteur vient à décéder dans l'exercice de ses fonctions. Formalités à remplir par ses héritiers pour toucher le montant du mandat auquel il avait droit.

Les justifications à produire à l'appui des payements faits à des héritiers diffèrent selon qu'elles ont pour objet des sommes inférieures ou supérieures à 150 francs.

1er *Cas.* — *La somme est égale ou inférieure à 150 fr.* — La législation qui réglemente ce cas est la même pour les héritiers des créanciers de l'Etat, des départements, des communes et des établissements publics : *la somme peut être payée sur la production d'un simple certificat délivré par le maire de la résidence du défunt, ou de l'un de ses héritiers, énonçant que les parties y dénommées ont seules droit de toucher en qualité d'héritiers.* Avant la circulaire du 31 décembre 1896, le certificat d'hérédité n'était admis que pour les créances de 50 francs et au-dessous. Cette pièce est établie sur papier timbré et la signature du maire doit être légalisée par le préfet ou le sous-préfet.

2e *Cas.* — *La somme est supérieure à 150 francs.* — Les héritiers ne peuvent, en principe, être payés qu'en produisant 2 pièces :

1° *L'acte de décès du créancier* ;

2° *Un certificat de propriété.*

La somme due, porte l'Instruction générale de 1859 (art. 1512), est payée aux héritiers sur la production soit d'un certificat de propriété, soit de pièces d'hérédité d'après les règles du droit commun.

Le certificat de propriété, établi dans les formes et suivant les dispositions prescrites par la loi de floréal, est délivré par les notaires, les juges de paix ou les greffiers selon les dispositions ci-après.

Il est dressé :

1° Par le notaire lorsqu'il possède un acte translatif de propriété : inventaire, partage, donation entre vifs, testament, contrat de mariage, transport de droits successifs, délivrance de legs, acceptation de donation, etc. (Loi du 28 floréal, an VII) ;

2° Par le juge de paix en cas d'absence de tout acte translatif (Décret du 18 septembre 1806) ;

3° Par le greffier du tribunal civil ou de la Cour d'appel, lorsque les droits des parties sont établis par un jugement ou un arrêt (Loi précitée).

Aux termes de l'art. 2 du Décret du 18 septembre 1806, tous les certificats de propriété doivent être légalisés ; mais, en pratique, et par analogie avec ce qui a lieu pour les actes notariés, on n'exige la légalisation que si le certificat est produit, soit au dehors du département, soit au dehors du ressort de la Cour d'appel.

Quant à l'acte de décès du créancier, il doit être établi sur timbre et légalisé par le juge de paix ou le président du Tribunal.

Ces renseignements concernent les héritiers, mais les veuves peuvent toucher les sommes dues, en produisant ces pièces : 1° acte de décès du mari ; 2° acte de mariage ; 3° certificat de non-séparation de corps et de non-divorce délivré par le Maire sur leur déclaration corroborée par l'attestation de deux témoins. La signature du Maire doit être légalisée par le Préfet ou le sous-préfet lorsqu'il est fait usage du certificat hors du département. Quand il est question d'un décompte de pension, ledit certificat doit renfermer la déclaration de non-cumul par la veuve (Circulaire comptabilité publique, 22 mai 1905).

Historique du Traitement

Pour permettre au maître de dresser, en parfaite connaissance de cause, l'état de ses services avec l'indication du traitement dont il a joui, nous mettons sous ses yeux le tableau suivant :

Historique du traitement de l'Instituteur et de l'Institutrice

Années des lois ou décrets	Instituteurs titulaires ou communaux	Instituteurs adjoints ou stagiaires	Institutrices titulaires ou communales	Institutrices adjointes ou stagiaires
Avant 1789	(1) R. S.			
1793	1 200 fr.			
1793	(1) R. S.			
1794	1 200 livres et 1 500 livres		1 000 et 1 200 livres	
1795	(1) R. S. + local.		R. S.	
1802	(1) R. S + logement		id.	
1808	id.		id.	
1833	R. S. + logement + 200 fr.		id.	
1836	id.	. . . .	Logement et traitement assurés par des fondations, donations, legs, ou par le Conseil municipal ; pas de minimum fixé.	
1850	600 fr. minimum.	Traitement fixé par le Conseil municipal	id.	id.
			id.	id.
1853	600 — 700 — 800	400 — 500 (2)	id.	id.
1858	id.	500 (2)	Logement + traitement variable + R. S.	
1859	id.	id.		
1860	id.	600 (3)	id.	id.
1862	600 — 700 — $\frac{800}{5\ \%}$ — $\frac{900}{5\ \%}$	id.	id.	id.
1867	id.	400 — 500	400 — 500	350
1870	700 — 800 — $\frac{900}{5\ \%}$ — $\frac{1000}{5\ \%}$	id.	500 — 600	id.
1873	id.	500 — 600	id.	450
1875	900 — 1 000 — 1 100 — 1 200	700 — 800	700 — 800 — 900	600 — 650
1889	1 000 — 1 200 — 1 500 — 1 800 — 2 000 (4)	800 (4)	1 000 — 1 200 — 1 400 — 1 500 — 1 600 (4)	800 (4)
	35 % 25 % 15 % 5 %	20 %	35 % 25 % 15 % 5 %	20 %
1893	1 000 — 1 200 — 1 500 — 1 800 — 2 000	900	1 000 — 1 200 — 1 400 — 1 500 — 1 600	900
	25 % 25 % 20 % 10 % 5 %	15 %	25 % 25 % 20 % 10 % 5 %	15 %
1900	1 000 — 1 200 — 1 500 — 1 800 — 2 000	900	1 000 — 1 200 — 1 400 — 1 500 — 1 600	900
	20 % 25 % 25 % 15 % 5 %	10 %	25 % 25 % 20 % 10 % 5 %	15 %
1902	1 000 — 1 200 — 1 500 — 1 800 — 2 000	900	1 000 — 1 200 — 1 400 — 1 500 — 1 600	900
1903	1 100 — 1 200 — 1 500 — 1 800 — 2 000	1 000	1 100 — 1 200 — 1 400 — 1 500 — 1 600	1 000
1905	1 150 — 1 275 — 1 575 — 1 850 — 2 050	1 050	1 150 — 1 250 — 1 450 — 1 575 — 1 700	1 050
1906	1 200 — 1 350 — 1 650 — 1 900 — 2 100	1 100	1 200 — 1 300 — 1 500 — 1 650 — 1 800	1 100
1907	1 200 — 1 425 — 1 725 — 1 950 — 2 150	1 100	1 200 — 1 350 — 1 550 — 1 725 — 1 900	1 100
1908	1 200 — 1 500 — 1 800 — 2 000 — 2 200	1 100	1 200 — 1 400 — 1 600 — 1 800 — 2 000	1 100

(1) R. S., rétribution scolaire, ou écolage, acquitté en argent ou en nature et auquel venait se joindre parfois un traitement fixe.
(2) Instituteurs suppléants.
(3) La classe des instituteurs suppléants est supprimée.
(4) Il y avait, en outre, une 6e classe provisoire pour les Instituteurs et Institutrices titulaires dont le traitement était inférieur à 1 000 francs et une 2e classe provisoire pour les Instituteurs et Institutrices stagiaires dont le traitement n'atteignait pas 800 francs. — En 1890, la 6e et la 2e classes provisoires disparurent pour les Instituteurs ; en 1891 fut supprimée la 2e classe provisoire pour les Institutrices stagiaires ; enfin, en 1892, la suppression de la 6e classe provisoire pour les Institutrices titulaires était un fait accompli.

L'INDEMNITÉ DE RÉSIDENCE

Taux

Dans les communes de 1000 à 3000 habitants de population agglomérée et dans les communes chefs-lieux de canton d'une population agglomérée inférieure à 1000 habitants. . . . . 100 fr.

De 3001 à 9000 habitants.	200 fr.
De 9001 à 12000 »	300 fr.
De 12001 à 18000 »	400 fr.
De 18001 à 35000 »	500 fr.
De 35001 à 60000 »	600 fr.
De 60001 à 100000 »	700 fr.
De 100000 et au-dessus	800 fr.

(Décret du 31 janvier 1890, annexe.)

Ces chiffres représentent l'indemnité des directeurs d'école.

Pour les titulaires, l'indemnité est de la moitié des mêmes sommes ; pour les stagiaires, elle est du quart.

Mode de payement.

Les indemnités de résidence à la charge de la commune sont payées mensuellement. — Les indemnités de 200 francs et au-dessous sont payées seulement par trimestre (Décret précité, art. 2).

L'INSTITUTEUR AMÉLIORE SA SITUATION AU POINT DE VUE MATÉRIEL. — IL ACCEPTE DIFFÉRENTS SERVICES MUNICIPAUX. IL DEVIENT SECRÉTAIRE DE MAIRIE

L'instituteur, en tant que secrétaire de mairie, est placé sous l'autorité directe du maire. (1)

C'est, en effet, le maire qui, en application de l'article 88 de la loi du 5 avril 1884, nomme à tous les emplois communaux pour lesquels les lois, décrets et ordonnances actuellement en vigueur ne fixent pas un droit spécial de nomination.

Le Conseil municipal a-t-il qualité pour intervenir dans le choix ou la nomination du secrétaire de mairie? D'après le texte même de l'article que nous venons de citer, il est évident que le Conseil municipal ne peut, sans empiéter sur les prérogatives du maire, délibérer sur la nomination du secrétaire de mairie.

Que doit faire l'instituteur auquel le maire offre d'accepter les fonctions de secrétaire?

On sait que la loi du 30 octobre 1886, en son art. 25, dispose que les instituteurs ne pourront exercer lesdites fonctions qu'avec l'autorisation du Conseil départemental. L'instituteur, s'il accepte la proposition qui lui est faite par le maire, devra donc demander au président du

(1) Il prendra soin de la conservation des archives et n'oubliera pas que les soustractions, destructions, enlèvements de pièces, papiers, registres, actes et effets déposés à la mairie, sont punis par les articles 173, 254, 255, 439 du Code pénal (Cassation, 28 mai 1842).

Conseil départemental, c'est-à-dire au préfet, par l'intermédiaire de l'inspecteur primaire et de l'inspecteur d'Académie, l'autorisation exigée par la loi. — Il est d'usage courant que le préfet accorde à l'intéressé une autorisation provisoire en attendant la réunion du Conseil départemental.

Prescriptions que doit observer l'instituteur secrétaire de mairie.

L'instituteur, dans l'exercice de ses fonctions de secrétaire, ne perdra pas de vue les termes de la circulaire du 30 mars 1861 : « ... C'est surtout dans la tenue des registres de l'état civil que se sont produites des fautes d'une certaine gravité... Tantôt on fait, dans les signatures, des substitutions que l'on croit être sans importance ; tantôt on se contente de prendre note des naissances et des décès qui surviennent et on ne rédige les actes qu'à la fin de l'année, *sans calculer ni les préjudices considérables que, par suite d'oublis ou d'inexactitudes, il peut en résulter pour les familles ni la responsabilité qu'assument sur eux ceux qui se rendent coupables de faits semblables.* » Il se rappellera la recommandation adressée aux préfets dans la circulaire du 24 juillet 1875 : « Vous devez veiller à ce que les instituteurs communaux autorisés à remplir les fonctions de secrétaires de mairie, s'acquittent de cette tâche *sans nuire à l'accomplissement de leurs devoirs professionnels... ; si des maîtres encouraient quelques reproches à cet égard, vous ne devriez pas hésiter à proposer au Conseil départemental de leur retirer l'autorisation qui leur aurait été précédemment accordée.* »

Toute latitude lui est cependant laissée pour sa participation aux opérations de classement des animaux de réquisition, alors même qu'elles auraient lieu pendant les heures de classe (Circulaires des 2 oct. 1880, 25 juillet 1883 et 30 avril 1895 déjà citées).

Quelles sont les peines applicables au secrétaire de mairie?

Il peut être suspendu et révoqué par le maire (Loi du 5 avril 1884, art. 88). — Aucun droit d'intervention n'est reconnu au Conseil municipal dans l'application de ces peines.

Révoqué ou suspendu, le secrétaire a-t-il un recours devant l'autorité administrative pour obtenir sa réintégration ?

Dans l'affaire Régnier (12 juillet 1878), le Conseil d'Etat a déclaré qu'un employé municipal révoqué n'est pas recevable à attaquer devant lui, pour excès de pouvoirs, la décision qui le frappe.

Toutefois, le préfet peut, en vertu du pouvoir qui lui est conféré par l'article 95 de la loi du 5 avril 1884, annuler l'arrêté pris par le maire sur la suspension ou la révocation du secrétaire ; il peut, de même, en suspendre l'exécution.

Révoqué ou suspendu, le secrétaire a-t-il un recours devant la même autorité pour obtenir des dommages-intérêts ? Non.

Le Conseil de Préfecture est incompétent pour connaître d'une demande en indemnité pour privation d'emploi formée par un agent municipal : c'est ce qui ressort des arrêts du Conseil d'Etat en date du 28 février 1879 (Meister), du 12 janvier 1883 (Cadot) et du 15 juin 1888 (Hazebrouck).

Les tribunaux civils sont aussi incompétents sur cette question, « attendu que le maire, en révoquant un employé communal, ne fait qu'un acte rentrant dans ses attributions administratives et dont l'appréciation ne saurait appartenir aux tribunaux judiciaires » (Tribunal des conflits, 27 décembre 1879, 7 août 1880. — Cour de cassation, 7 juillet 1879).

De même le ministre de l'Intérieur n'a pas qualité pour connaître de la demande en indemnité. — C'est le

Conseil d'Etat, statuant au contentieux, qui, dans ce cas, peut se prononcer.

Tout autre serait la situation du secrétaire de mairie à qui le maire aurait retenu, par mesure disciplinaire, une partie de son traitement. Il pourrait engager une action devant les tribunaux civils (Tribunal des conflits, 14 juin 1879. — Nonancourt).

DEUX SERVICES ACCESSOIRES LUI SONT CONFIÉS : LES SONNERIES CIVILES; L'ENTRETIEN DE L'HORLOGE COMMUNALE

La circulaire du 29 novembre 1900 a recommandé aux préfets de veiller à l'application de l'art. 25 de la loi du 30 octobre 1886, dont nous reproduisons ci-après le paragraphe 2 : « ... Sont interdits aux instituteurs et institutrices publics de tout ordre les emplois rémunérés ou gratuits dans les services des cultes... »

En conséquence, l'instituteur ne peut plus être chargé des sonneries religieuses. Toutefois, l'interdiction visée par le paragraphe 2 précité ne s'étend pas aux sonneries civiles, et nous pensons que le lecteur sera désireux de connaître la législation applicable à ce service essentiellement communal.

C'est le Maire qui doit faire choix du sonneur civil et demander, pour ce dernier, le vote d'un traitement, à moins que le Conseil municipal ne veuille procéder à une adjudication.

Il appartient au Maire de prendre, à défaut d'association cultuelle constituée dans la commune, tant pour les sonneries civiles que pour les sonneries religieuses, un arrêté à cet effet, et de le soumettre à l'approbation du Préfet en double exemplaire.

Les instructions ministérielles portent que les sonneries civiles ne sont admissibles que dans les cas déterminés, en exécution du troisième paragraphe de l'article 27 de la loi du 9 décembre 1905, par l'article 51 du décret du 16 mars 1906, ainsi conçu :

« Les cloches des édifices servant à l'exercice public » du culte peuvent être employées aux sonneries civiles, » dans les cas de péril commun qui exigent un prompt » secours.

» Si elles sont placées dans un édifice appartenant à » l'Etat, au département ou à la commune, ou attribué » à l'association cultuelle en vertu des articles 4, 8 et 9 » de la loi du 9 décembre 1905, elles peuvent, en outre, » être utilisées dans les circonstances où cet emploi est » prescrit par les dispositions des lois ou règlements, ou » autorisé par les usages locaux. »

L'article 52 du décret du 16 mars 1906 dispose qu'une clef du clocher est déposée entre les mains du Maire et que, dans le cas où l'entrée du clocher ne serait pas indépendante de celle de l'Eglise, une clef de la porte de celle-ci doit également lui être confiée.

Rien ne fait obstacle à ce que, pour faciliter le libre exercice des cultes et assurer l'application de l'art. 5 de la loi du 2 janvier 1907, le Maire autorise le curé qui est un usager à la disposition duquel sont laissés l'église et les meubles qui la garnissent (art. 5), ainsi que le sonneur religieux, à détenir une clef de l'église ou du clocher (Lettre ministérielle du 6 juin 1907).

Ainsi, aucun droit d'intervention n'est reconnu aux marguilliers, au desservant ou au curé, dans le choix de l'instituteur comme sonneur civil ; celui-ci relève exclusivement du maire qui le nomme, lui donne des ordres directs et le révoque au besoin. Il n'est pas obligé de s'entendre avec le curé ou le desservant pour l'accomplissement de son service, ni de lui demander l'entrée de l'église.

La commune qui fait placer une horloge dans le clocher de l'église a le droit de nommer l'agent chargé de la remonter, car il s'agit ici d'un objet affecté à des usages civils.

Cet agent dépend du maire seul, comme le sonneur civil et les autres employés communaux. Sa nomination n'est pas soumise à l'agrément du curé. Il peut faire usage de la clef du clocher ou de celle de l'église déposée entre les mains du maire.

L'INSTITUTEUR OUVRE L'ÉCOLE. — IL REÇOIT DES ENFANTS D'AGE SCOLAIRE

Nous donnerons à ce chapitre tout l'ampleur qu'il comporte : il est nécessaire que l'instituteur sache la durée exacte de la scolarité, les conditions d'admission dans les écoles et dans les classes primaires de tous ordres.

ADMISSION DES ÉLÈVES

1° Dans les écoles maternelles

Les enfants y sont [illegible]is dès l'âge de 2 ans révolus et peuvent y rester j[illegible]à l'âge de 6 ans (Décret du 18 janvier 1887, art. 1).

Aucun enfant âgé de plus de 6 ans ne peut être admis sans une autorisation spéciale de l'inspecteur d'Académie (Règlement scolaire modèle du 18 janvier 1887, art. 1).

PIÈCES A PRODUIRE PAR LA FAMILLE

1° Billet d'admission signé par le maire (sur papier libre) ; — 2° Certificat de médecin dûment légalisé constatant que l'enfant n'est atteint d'aucune maladie contagieuse et qu'il a été vacciné [1] ; — 3° Bulletin de naissance (sur papier libre) (Décret du 18 janvier 1887, art. 3. — Règlement scolaire modèle, art. 1).

La directrice doit conserver le bulletin de naissance tant que l'enfant fréquente l'école (Règlement précité, art. 1).

---

(1) Le certificat médical peut être délivré sur papier libre, mais alors il doit porter la mention suivante : « Délivré en exécution de l'art. 2 du Règlement scolaire des écoles primaires. » (Circulaire du 12 mai 1889.)

2° Dans les classes enfantines

Les enfants des deux sexes sont admis dans les class enfantines depuis l'âge de 4 ans au moins jusqu'à l'âg de 7 ans au plus (Décret du 18 janvier 1887, art. 2).

Pour faciliter dans les communes de moins de 2.000 habitants, la transformation des écoles maternelles publiques en classes enfantines, le Conseil départemental peut, à titre exceptionnel, fixer l'âge d'admission à 3 ans (Circulaires des 20 mars et 16 novembre 1887.—Bulletin administratif n° 739, 1887, p. 293).

Pièces à produire par la famille. — Même réglementation que pour les écoles primaires élémentaires dont il est parlé ci-après :

3° Dans les écoles primaires élémentaires

Nul élève ne peut être admis dans une école primaire élémentaire avant l'âge de 6 ans s'il existe dans la commune et à proximité une école maternelle publique; avant l'âge de 7 ans, s'il existe une classe enfantine publique (Décret du 18 janvier 1887, art. 28).

Dans les communes qui n'ont ni école maternelle, ni classe enfantine, l'âge d'admission est abaissé à 5 ans (Règlement scolaire modèle du 18 janvier 1887, art. 1).

L'école primaire élémentaire est ouverte aux enfants jusqu'à 13 ans révolus (Décret précité, art. 28).

En dehors de ces limites, ils ne peuvent être reçus ou maintenus à l'école sans une autorisation spéciale de l'inspecteur d'Académie (Règlement scolaire modèle, art. 1).

Pour l'admission ou le maintien à l'école d'enfants n'ayant pas l'âge réglementaire, l'instituteur enverra donc à l'inspecteur d'Académie, par l'intermédiaire de l'inspecteur primaire, une demande conforme au modèle ci-après.

Nous rappelons que la surface de la salle de classe est calculée à raison de $1^m,25$ par élève et le volume à raison de 5 mètres cubes par élève (Instruction spéciale du 18 janvier 1887, art. 18).

Nos d'ordre	Noms et prénoms des élèves	Date et lieu de naissance	Motifs de la demande	Dimensions de la salle de classe Surface Cube d'air	Nombre d'élèves fréquentant la classe Surface et cube d'air nécessaires pour ces élèves

A QUELLES ÉPOQUES DE L'ANNÉE LES ENFANTS PEUVENT-ILS ÊTRE ADMIS A L'ÉCOLE PRIMAIRE ÉLÉMENTAIRE ?

Sauf décision spéciale de l'inspecteur primaire, les élèves ne peuvent passer de l'école maternelle ou de la classe enfantine à l'école primaire qu'à l'une des trois époques suivantes :

1° — Rentrée d'octobre ;

2° — 1er janvier ;

3° — Rentrée de Pâques (Arrêté du 18 janvier 1887, art. 6).

Dans les communes où il n'existe ni école maternelle, ni classe enfantine, l'instituteur pourra admettre, aux mêmes époques, les enfants à l'école primaire élémentaire : il s'efforcera de concilier les intérêts des familles avec la bonne marche des études.

ADMISSION D'UN ÉLÈVE ÉTRANGER A LA COMMUNE

La famille domiciliée à proximité d'une ou plusieurs écoles publiques a la faculté de faire inscrire son enfant à l'une ou l'autre de ces écoles, *qu'elle soit ou non sur le territoire de sa commune*, à moins qu'elle ne compte déjà le nombre maximum d'élèves autorisé par les règlements.

Si pour cette raison, il y avait contestation entre les parents et l'instituteur, c'est au Conseil départemental qu'il appartiendrait de statuer, sur la demande soit du maire, soit des parents. L'instituteur n'a, personnellement, aucune action à engager (Loi du 28 mars 1882, art. 7).

ADMISSION D'UN ÉLÈVE VENANT D'UNE AUTRE ÉCOLE

Nous ne pouvons que reproduire ici les conseils qui ont été donnés à maintes reprises au personnel enseignant : il est recommandé à l'instituteur d'exiger de l'élève qui se présente devant lui, après avoir quitté une école primaire, un certificat délivré par le directeur de celle-ci et faisant connaître les motifs de son départ. Si ce certificat n'est pas satisfaisant, l'instituteur en réfère à l'inspecteur primaire pour la décision à intervenir.

PIÈCES A FOURNIR PAR LA FAMILLE LORS DE LA DEMANDE D'ADMISSION D'UN ÉLÈVE A L'ÉCOLE PRIMAIRE ÉLÉMENTAIRE

1° Bulletin de naissance (sur papier libre);

2° Certificat médical constatant que l'enfant a été vacciné ou qu'il a eu la petite vérole, et qu'il n'est atteint de maladies ou d'infirmités de nature à nuire à la santé des autres élèves (sur papier libre. Voir la note relative à l'admission dans les écoles maternelles.

A l'âge de 10 ans [1], l'élève doit, pour être admis ou maintenu à l'école, être revacciné par les soins du médecin attaché à l'école ou délégué à cet effet par l'Administration scolaire.

L'Instituteur doit conserver le bulletin de naissance et les certificats de vaccine et de revaccination tant que l'enfant fréquente l'école (Règlement scolaire modèle du 18 janvier 1887, art. 2 modifié par l'arrêté du 29 décembre 1888).

L'Administration recommande aux Inspecteurs primaires de s'assurer, dans leurs tournées, de l'observation stricte de ces dispositions (Bulletin administratif, 12 juillet 1890).

FORMALITÉS D'INSCRIPTION A REMPLIR PAR L'INSTITUTEUR

L'élève doit être inscrit : 1° sur le registre matricule; 2° sur le registre d'appel; 3° sur la liste annuelle d'inscription. Les inspecteurs primaires examinent si le registre matricule est tenu à jour et vérifient l'exactitude de tous les renseignements qu'il importe d'y consigner (Circulaire du 14 janvier 1890.

(1) La loi du 15 février 1902, art. 6, rend la revaccination obligatoire à l'âge de 11 ans : elle modifie donc ce texte.

CE QUE L'INSTITUTEUR PUBLIC NE DOIT PAS IGNORER

L'instituteur public doit connaître la législation qui réglemente l'admission des élèves dans les écoles privées, afin de pouvoir adresser, s'il y a lieu, à ses supérieurs, une réclamation contre une concurrence déloyale de la part de ces écoles.

L'âge d'admission est le même dans les écoles privées que dans les écoles publiques (Décret du 14 février 1891).

Toutefois, l'Instituteur privé ne peut recevoir des enfants au-dessous de 6 ans, s'il existe dans la commune une école maternelle publique, ou une classe enfantine publique, à moins que son école ne possède elle-même une classe enfantine (Loi du 30 octobre 1886, art. 36).

Dans la commune où il existe une classe enfantine publique, l'instituteur privé a donc un avantage sur l'instituteur public, puisque celui-ci ne reçoit les élèves qu'à 7 ans : le décret du 14 février 1891 ne pouvait modifier une disposition de la loi organique du 30 octobre 1886.

L'instituteur privé ne peut, sans l'autorisation du Conseil départemental, recevoir d'enfants des deux sexes, s'il existe au même lieu une école publique ou privée spéciale aux filles (Loi du 30 octobre 1886, art. 36).

Cet article ne s'applique pas à l'institutrice privée dirigeant une classe enfantine.

La classe enfantine privée n'est pas en droit, selon nous, de recevoir des élèves au-dessous de 4 ans, en s'appuyant sur une décision du Conseil départemental inspirée par les circulaires des 20 mars, 16 novembre 1887 et sur le décret du 14 février 1891. La mesure qui consiste à abaisser l'âge d'admission, au-dessous de 4 ans, a un caractère exceptionnel ; elle est prise dans l'intérêt de l'enseignement public, pour faciliter la transformation des écoles maternelles publiques en classes enfantines publiques.

Les prescriptions relatives à l'âge de sortie des écoles publiques ne sont pas applicables aux écoles privées (Rapport du Ministre de l'Instruction publique précédant le décret du 14 février 1891. Lettre ministérielle du 10 janvier 1898). Cependant, l'Institutrice privée qui garde un enfant après 6 ans dans une école maternelle, après 7 ans dans une classe enfantine, commet une faute grave et peut être poursuivie (Conseil supérieur 18 juillet 1905).

4° Dans les cours complémentaires et les écoles primaires supérieures

L'élève doit remplir 2 conditions :

1° Posséder le C. E. P. E. ;

2° Justifier, par un certificat signé de l'inspecteur primaire, avoir suivi pendant une année au moins le cour supérieur d'une école primaire élémentaire. Cette condition n'est pas exigée de l'élève qui sort d'une école non pourvue d'un cours supérieur ou d'un lycée, d'un collège, mais l'élève doit subir l'examen ci-après (Décret du 28 janvier 1897, art. 38. Lettre ministérielle du 22 février 1907).

Les enfants munis du C. E. P. E., qui ont fait leurs études dans leur famille ou dans une école privée, peuvent être admis, à condition de justifier qu'ils ont étudié les matières comprises dans le programme du cours supérieur des écoles primaires publiques. Cet examen complémentaire est subi devant une commission composée du personnel enseignant de l'école primaire supérieure sous la présidence de l'Inspecteur primaire (art. 38 précité.)

Pièces à fournir au Directeur : 1° Bulletin de naissance ; 2° certificat médical constatant que l'élève a été vacciné ou qu'il a eu la petite vérole, qu'il a été revacciné et qu'il n'est pas atteint de maladies ou d'infirmités de nature à nuire à la santé des autres élèves (Règlement scolaire modèle du 29 décembre 1888, art. 2).

5° Dans les Lycées et Collèges Pièces ordinairement exigées de l'élève

1° Un certificat d'études et de bonne conduite délivré par le chef de l'Etablissement auquel il a appartenu en dernier lieu ;

2° Son acte de naissance ;

3° Son extrait de baptême, s'il doit faire sa première communion ;

4° Un certificat de vaccine.

L'INSTITUTEUR REÇOIT DES INTERNES

LÉGISLATION A CONSULTER

Loi du 30 octobre 1886, art. 7. — Décret du 18 janvier 1887, art. 15 et 16. — Décret du 16 janvier 1894.

LES ÉLÈVES APPARTIENNENT AUX DEUX SEXES

Les dispositions recommandées doivent être strictement appliquées en ce qui concerne la séparation des deux sexes pendant les classes, les récréations et aux heures d'entrée et de sortie (Circulaire du 10 juillet 1872).

Cette circulaire ne peut guère s'appliquer qu'aux élèves âgés.

Nécessité d'un enseignement de la couture. La maîtresse de couture dans une école mixte

Le Conseil départemental peut, à titre provisoire, et par une décision toujours révocable, permettre à un Instituteur de diriger une école mixte à la condition qu'il lui soit adjoint une maîtresse des travaux de couture (Loi du 30 octobre 1886, art. 6).

Bien que les circulaires ministérielles des 29 mars 1893, 30 mai 1895, 18 mai 1896, 26 juillet 1897, 8 juillet 1898, 24 juillet 1906, aient recommandé de confier les écoles mixtes aux institutrices, nombre de ces écoles sont encore dirigées par des Instituteurs : il n'est donc pas inutile que nous insistions sur le choix de la maîtresse couture et sur l'indemnité qui peut lui être allouée dans une école mixte.

CHOIX DE LA MAITRESSE

a) *Nomination*

Les maîtresses chargées de l'enseignement des travaux de couture dans les écoles mixtes exceptionnellement dirigées par des Instituteurs sont nommées par l'Inspecteur d'Académie (Décret du 18 janvier 1887, art. 24).

La condition *sine qua non* d'une nomination est la possession du certificat d'aptitude à l'enseignement élémentaire des travaux de couture prévu par l'art. 106 du décret du 18 janvier 1887 (modifié par le décret du 29 avril 1895). Car nul ne peut être nommé dans une école publique à une fonction quelconque d'enseignement s'il n'est muni du titre de capacité correspondant à cette fonction (Loi du 30 octobre 1886, art. 20).

b) *Délégation*

L'Inspecteur d'Académie peut désigner pour cet enseignement une personne non pourvue du certificat d'aptitude, mais elle n'est que déléguée dans les fonctions de maîtresse de couture. La délégation qui lui est confiée est essentiellement provisoire et elle pourrait lui être retirée si une maîtresse pourvue du certificat d'aptitude demandait à jouir des prérogatives attachées à son titre.

LE CERTIFICAT D'APTITUDE A L'ENSEIGNEMENT ÉLÉMENTAIRE DES TRAVAUX DE COUTURE

La femme de l'Instituteur, déléguée maîtresse de couture, doit donc rechercher le certificat d'aptitude.

Condition d'âge pour subir l'examen : 18 ans au moment de l'inscription à moins d'avoir obtenu une dispense par décision ministérielle (Décret du 18 janvier 1887, art. 114 modifié le 28 décembre 1907).

Pièces à fournir à l'Inspection académique : 1° Demande d'inscription sur timbre à 0 fr. 60 écrite de la main de l'aspirante et signée ; — 2° Acte de naissance ; — 3° Acte de mariage au cas où elle est mariée.

Date de l'inscription : 8 jours au moins avant l'examen.

Date de l'examen : Variable avec les départements ; ordinairement en juin ou en juillet.

Examen : Les travaux à exécuter sont choisis dans le programme du cours moyen et du cours supérieur (Voir l'arrêté du 17 septembre 1898).

La Commission d'examen est composée d'un Inspecteur primaire et de deux Institutrices titulaires publiques désignés par l'Inspecteur d'Académie.

Durée des épreuves : 2 heures (Arrêté du 18 janvier 1887, art. 222, 223, 224), au chef-lieu du département.

L'INSTITUTEUR DOIT-IL INTERVENIR DANS LE CHOIX DE LA MAITRESSE DE COUTURE ?

Nous pensons que l'Instituteur agira sagement en laissant au Maire le soin d'adresser à l'Inspecteur d'Académie des propositions en vue de la nomination d'une maîtresse de couture. Il n'interviendra dans cette question, parfois délicate à trancher, que s'il est consulté par ses supérieurs hiérarchiques.

INDEMNITÉ DE LA MAITRESSE DE COUTURE

En vertu de l'art. 46 de la loi du 25 juillet 1893, il est alloué aux maîtresses de couture une indemnité annuelle, non soumise à retenue, payée sur les fonds de la commune.

COMMENT EST FIXÉ LE TAUX DE L'INDEMNITÉ

Le taux de l'indemnité est fixé par le Préfet sur la proposition de l'Inspecteur d'Académie ; il ne peut être supérieur à 80 francs par an (Décret du 2 août 1890, art. 8). Toutefois, cet article ne doit pas être interprété dans un sens étroit et limitatif par les communes dont la situation financière est excellente. Le maximum de 80 francs ne saurait entraver la bonne volonté d'un Conseil municipal qui entend rémunérer généreusement les cours de couture.

CAS OU LA SITUATION DE LA COMMUNE EST OBÉRÉE

Le Ministre de l'Instruction publique est autorisé, dans les limites fixées par le décret du 2 août 1890, et jusqu'à concurrence d'un crédit spécial, à accorder des subventions aux communes pour le paiement de l'indemnité due aux maîtresses de couture dans les écoles mixtes dirigées par des Instituteurs (Loi du 16 avril 1895, art. 50. — Circulaires des 30 mai 1895, — 18 mai 1896. — 26 juillet 1897. — 8 juillet 1898). — Nous devons ajouter que ces subventions, réduites d'année en année, ne présentent même plus, à l'heure actuelle, un caractère de certitude.

MODE DE PAIEMENT DE L'INDEMNITÉ

Toute latitude est laissée au maire dans le mandatement de l'indemnité, qui est ordinairement payée par trimestre.

A QUI INCOMBE L'ACHAT DU MATÉRIEL NÉCESSAIRE A L'ENSEIGNEMENT DE LA COUTURE ?

Les élèves doivent être pourvues, selon leur âge, d'un sac, d'une pochette ou d'une ménagère autant que possible confectionnés par elles et propres à contenir : dé, aiguilles, fil, ciseaux, centimètre et pièce d'exercice (Arrêté du 17 septembre 1898. — Instructions).

La commune fournit le matériel nécessaire à l'enseignement de la couture : fil, laine, étoffes, etc., conformément à l'art. 1er du décret du 29 janvier 1890. Par une circulaire en date du 23 septembre 1898, le Ministre a invité les Préfets à rappeler cette prescription aux communes qui ne l'observeraient pas.

L'INSTITUTEUR COMPLÈTE SON ÉDUCATION GÉNÉRALE ET PROFESSIONNELLE

Il lit des journaux et revues d'enseignement.

Il emprunte des livres :

a) Aux bibliothèques mutuelles des Instituteurs ;

b) Aux bibliothèques pédagogiques ;

c) Au Musée pédagogique (bibliothèque circulante).

Il est assidu aux conférences pédagogiques (Arrêté du 5 juin 1880).

Disons quelques mots de ces conférences.

Organisation des conférences pédagogiques

Formalités préalables. — La présidence appartient de droit à l'Inspecteur d'Académie, ou, à son défaut, à l'Inspecteur primaire. Les membres de la conférence nomment, chaque année, un vice-président et un secrétaire choisis parmi eux (Arrêté du 5 juin 1880, art. 1).

Objet des conférences. — Il ne doit être traité dans les conférences que des matières de pédagogie théorique et pratique (Même arrêté, art. 2). Le Ministre écrivait le 10 août 1880 :

Il est désirable que les membres des conférences pédagogiques étudient les sujets scolaires à un point de vue essentiellement pratique. Trop souvent, les questions d'éducation ont servi de thème à de vaines déclamations. Des plans chimériques, des théories ambitieuses et vides ont parfois compromis plutôt qu'avancé le progrès. Il faut que nos instituteurs se persuadent que la pédagogie est une science positive qui s'appuie sur l'expérience. Aussi verrais-je avec plaisir se généraliser l'usage de ces conférences pédagogiques en action qui consistent en une classe réelle faite dans une école par un instituteur, en présence de ses collègues et suivie d'une discussion où chacun apporte des observations prises sur le vif.

Choix de questions. — A la dernière réunion de chaque année scolaire, la conférence propose les questions qui pourront être traitées au cours de l'année suivante. La liste de ces questions est arrêtée et publiée, dans le plus bref délai possible, par l'Inspecteur d'Académie (Arrêté du 5 juin 1880, art. 3).

La présence de l'Instituteur aux conférences pédagogiques est-elle obligatoire ? — La présence aux conférences pédagogiques est obligatoire pour tous les Instituteurs publics titulaires; elle l'est aussi pour les Instituteurs adjoints chaque fois que leur présence n'est pas nécessaire à l'école. Des dispenses peuvent être accordées par l'Inspecteur d'Académie. (Même arrêté, art. 4).

Les Instituteurs honoraires sont admis à prendre part, avec voix délibérative, aux conférences pédagogiques dans le canton où ils résident (Arrêté du 18 janvier 1887, Art. 132).

Siège des conférences. — Les conférences sont organisées dans chaque canton ; le nombre, la date et le lieu des réunions sont fixés préalablement par l'Inspecteur d'Académie. Toutefois, deux ou plusieurs cantons peuvent être réunis. Le Recteur est libre de décider, sur la proposition de l'Inspecteur d'Académie, que les conférences seront distinctes ou communes pour les Instituteurs et les Institutrices (Arrêté du 5 juin 1880, art. 1 et Circulaire du 10 août 1880).

Indemnité de déplacement. — Dans une circulaire en date du 10 août 1880, le Ministre a invité les Conseils généraux à inscrire au budget du département une allocation destinée à indemniser les Instituteurs de leurs frais de déplacement, s'engageant à mettre lui-même à la disposition des Préfets une somme au moins égale au crédit voté par le département. Il semble que bien peu de Conseils généraux aient répondu à cette invitation ministérielle.

Procès-verbal. — Une copie du procès-verbal de chaque séance est envoyée à l'Inspecteur primaire (Arrêté du 5 juin 1880, art. 7).

L'INSTITUTEUR MEMBRE DES COMMISSIONS D'EXAMENS

L'Instituteur peut être membre d'une commission d'examen :

1° pour le certificat d'études primaires élémentaires (C. E. P. E.) ;

2° pour les bourses d'enseignement primaire supérieur ;

3° pour les brevets de capacité ;

4° pour le certificat d'aptitude pédagogique (C. A. P.).

Il ne peut faire partie de la Commission d'examen pour le certificat d'études primaires supérieures (Arrêté du 17 septembre 1898 et arrêté du 9 décembre 1901); — ni de la Commission d'examen pour les bourses dans les Lycées et Collèges (Arrêté des 31 mai 1902, 23 juillet 1882, 25 juillet 1889) ; — Il peut faire partie de la Commission d'examen pour le concours d'admission aux Ecoles normales (Décret du 18 janvier 1887, art. 73 et suivants. — Décret du 31 juillet 1897. — Arrêtés des 18 janvier 1887, art. 80 et suivants; 29 décembre 1888, 8 août 1903).

Législation qu'il devra consulter

C. E. P. E. : Arrêtés des 18 janvier 1887, 31 juillet 1897, 8 août 1903. *Bourses d'enseignement primaire supérieur* : Décret et arrêté du 18 janvier 1887. — Arrêtés des 29 décembre 1888, 8 août 1903.

B. E. : Décret du 15 janvier 1891. — Arrêtés des 9 décembre 1901, 20 janvier 1897, 29 décembre 1888. — Circulaire du 10 mars 1896. — Instruction spéciale déposée sur le bureau du jury.

B. S. : Décrets du 15 janvier 1891. — Arrêté du 9 décembre 1901. — Arrêtés des 24 janvier 1893, 21 juillet 1896, — 31 juillet 1897, 4 août 1905. — Circulaire du 10 mars 1893, — Instruction spéciale déposée sur le bureau du jury.

C. A. P. : Arrêté du 9 décembre 1901. — Décret du 3 juin 1902. — Arrêtés des 18 janvier 1887, 27 juillet 1893.

Les examens du C. E. P. E. et du C. A. P. étant ceux qui préoccupent le plus le personnel enseignant primaire, nous les faisons connaître en entier.

LE CERTIFICAT D'ÉTUDES PRIMAIRES ÉLÉMENTAIRES

Age requis. — 11 ans au moins au 30 septembre de l'année de l'examen.

(Ce sera bientôt 12 ans, projet de loi, 1908).

Formalités d'inscription. — Envoyer à l'Inspecteur primaire, en temps opportun, un état visé et certifié par le Maire, portant :

1° Les nom et prénoms des candidats ;

2° La date et le lieu de leur naissance ;

3° La demeure de leur famille ;

4° Leur signature.

(Arrêté du 18 janvier 1887, art. 255. Bulletin administratif, 1889, XLVI, p. 14.)

De la Commission cantonale

La Commission cantonale est nommée par le recteur, sur la proposition de l'Inspecteur d'Académie. Des dames en font nécessairement partie pour l'examen des jeunes filles. L'Inspecteur primaire du ressort est le Président de droit de toutes les Commissions.

Quand doit-elle se réunir ? — La circulaire ministérielle du 2 mai 1892 a recommandé aux inspecteurs d'Académie de ne réunir les Commissions d'examen du C. E. P. que vers le 15 juin, au plus tôt, et même, s'il était possible, à une date plus éloignée.

Où se réunit-elle ? — La Commission se réunit sur la convocation de l'Inspecteur d'Académie, soit au chef-lieu de canton, soit dans une commune centrale désignée à cet effet.

De la nature des épreuves. — Le tableau suivant fait connaître la nature des épreuves, le temps donné pour chacun d'elles et le chiffre maximum d'appréciation.

	Epreuves	Durée	APPRÉCIATION (chiffre maximum)
1re Série admissibilité	Orthog. Dictée.	20 minutes	5
	Orthog. Questions	20 minutes	5
	Ecriture	»	10
	Calcul	1 heure	10
	Rédaction . . .	1 heure	10
	Couture (pr les filles)	1 heure	10
			Nombre de points à réunir G. : 20 F. : 25.
2e Série	Agriculture ou dessin (1) (épreuve obligatoire pour les garçons) . .	1 heure (huis clos)	10
	Lecture et récitation	Durée totale des 2 épreuves : 1 quart d'heure au maximum pour chaque candidat.	10
	Histoire et géographie		10
		Epreuves publiques.	Pas de minimum de points exigé pour l'oral.
			Nombre total de points à réunir pour l'ensemble des épreuves : 35.

(Arrêtés des 31 juillet 1897 et 8 août 1903)

(1) L'épreuve d'agriculture ou de dessin est remplacée par une épreuve portant sur les leçons de choses appropriées à la profession du marin et du pêcheur pour les élèves inscrits dans les écoles primaires du littoral. (Voir la liste de ces écoles qui doit être arrêtée sur la proposition de l'Inspecteur d'Académie et du Préfet par le Conseil départemental. — Arrêté du 20 septembre 1898, art. 1.)

Orthographe. — Cette épreuve consiste en une dictée de 15 lignes *au plus.*

Seul le point final de chaque phrase est indiqué dans la ponctuation. Le texte doit être lu préalablement à haute voix, dicté, puis relu [1].

« Dans les examens ou concours dépendant du ministère de l'Instruction publique qui comportent des épreuves spéciales d'orthographe, il ne sera pas compté de fautes aux candidats pour avoir usé des tolérances indiquées dans la liste annexée à l'arrêté du 26 février 1901 (Circulaire du 28 février 1901).

Nous engageons le lecteur à se reporter à cette liste. On ne doit pas compter comme fautes graves celles qui ne prouvent rien contre l'intelligence et le véritable savoir des candidats, mais qui prouvent seulement l'ignorance de quelque finesse ou de quelque subtilité.

Ecriture. — L'instituteur n'oubliera pas que la dictée *peut* servir d'épreuve d'écriture courante.

Calcul. — 2 questions d'arithmétique portant sur les applications du calcul et du système métrique, avec solution raisonnée, sont données aux candidats.

Rédaction. — Elle doit être *d'un genre simple* et prise dans l'un des 3 ordres de sujets ci-dessous :

a) — L'instruction morale *ou* civique ;

b) — L'histoire et la géographie ;

c) — Notions élémentaires de sciences avec leurs applications.

Couture. — C'est un travail de couture *usuelle* que les jeunes filles ont à exécuter sous la surveillance d'une dame désignée par le Président de la Commission.

---

(1) Vingt minutes sont accordées aux candidats pour revoir leurs copies et répondre aux questions. L'orthographe du texte dicté et les réponses aux questions posées ne constituent qu'une seule épreuve. Les deux notes partielles s'additionnent, et l'épreuve n'est éliminatoire que si le total des deux notes est égal à zéro; toutefois, la Commission peut exceptionnellement, et après délibération, prononcer l'élimination définitive d'un candidat qui aurait fait, dans la dictée, un trop grand nombre de fautes, même s'il a obtenu des points pour ses réponses aux questions.

Agriculture. — La circulaire du 12 janvier 1898 détermine la nature de cette épreuve : l'Inspecteur d'Académie doit se reporter à l'instruction ministérielle du 4 janvier 1897 pour y trouver l'indication de *tous* les sujets qui peuvent être proposés.

Dessin. — Il consiste :

a) Dans une reproduction à vue d'un ornement plan, à contour régulier, indiqué, tantôt par un dessin mural ou tracé au tableau, tantôt par un texte dicté qui en fait connaître clairement la forme et les dimensions.

b) Ou dans le dessin à vue d'un modèle en plâtre représentant un ornement plan d'un faible relief ;

c) Ou dans le croquis coté d'un solide ou d'un objet de forme géométrique très simple.

La forme du modèle en plâtre, du solide ou de l'objet *ne doit jamais* être compliquée.

En aucun cas, le sujet de l'épreuve de dessin *ne peut* consister en une simple copie d'un dessin, d'une lithographie ou d'une gravure (Circulaire du 12 janvier 1898).

Lecture. — Il s'agit ici d'une lecture *expliquée.*

Récitation. — L'examinateur fait choix d'un morceau sur une liste *présentée* par le candidat.

Histoire et Géographie. — Des questions sont posées à ce dernier sur l'une et l'autre de ces matières.

Par qui sont choisis les textes de composition ? — Les textes et les sujets de composition sont choisis par l'Inspecteur d'Académie et remis à l'ouverture des épreuves, sous pli cacheté, au Président de la Commission.

Ce que peut faire le candidat le jour de l'examen. — Le candidat peut présenter à la Commission, à titre de renseignement, un cahier de devoirs mensuels, ou, à défaut, un cahier de devoirs courants.

Ce qu'il doit écrire sur sa feuille de composition. — Ses compositions doivent porter en tête, et sous pli fermé, ses nom et prénoms, l'adresse de sa famille. (Le pli n'est ouvert qu'après achèvement de la correction des copies et l'inscription des notes données pour chacune d'elles.)

De la correction des compositions. — Les compositions sont corrigées, *séance tenante*, par les membres de la Commission. La note attribuée à chacune d'elles est inscrite :

1° En tête de chaque copie ;

2° Sur un tableau dressé à cet effet.

La *nullité* d'une épreuve *entraîne l'élimination*.

Des épreuves d'agriculture et de dessin. — Les candidats sont examinés sur l'une *ou* l'autre de ces matières suivant qu'ils appartiennent à une école rurale ou à une école urbaine (Voir la classification des écoles faite, pour le département, par l'Inspecteur d'Académie). Toutefois, des élèves d'écoles rurales peuvent être autorisés à subir l'épreuve de dessin et des élèves d'écoles urbaines l'épreuve d'agriculture, *sur la demande motivée des parents et après avis favorable du Directeur de l'école et de l'Inspecteur primaire* (Circulaire du 12 janvier 1898).

Ajoutons que les deux épreuves peuvent être subies par l'aspirant ou l'aspirante (Arrêté du 18 janvier 1887, art. 260 modifié par l'arrêté du 31 juillet 1897. Lettre ministérielle du 21 mai 1898).

Il est fait mention sur le certificat, des matières facultatives pour lesquelles le candidat a obtenu la note 5.

Cas du candidat qui a échoué. — Le Ministre a été consulté sur la question de savoir si un candidat ayant échoué au C. E. P. E. peut se présenter devant une autre Commission pendant la même session. « Le règlement relatif à l'examen du C. E. P. E. n'a pas prévu ce cas. Mais il résulte des dispositions générales applicables à tous les examens qu'aucun candidat ne peut subir plusieurs fois le même examen devant des jurys différents au cours d'une même session. Il y a donc lieu d'appliquer cette règle au C. E. P. E. » (Bulletin administratif du 25 juin 1898, p. 865).

Session extraordinaire. — Le Ministre peut décider qu'une session extraordinaire pour l'examen du C. E. P. E. exclusivement réservée aux candidats qui se destinent à entrer dans les écoles primaires supérieures s'ouvrira dans tous les départements avant la fin de l'année.

LE CERTIFICAT D'APTITUDE PÉDAGOGIQUE (C. A. P.)

Le C. A. P. est le titre professionnel des instituteurs : nous résumons l'examen qui s'y rapporte.

Conditions à réunir par le candidat

Il doit :

1° Etre âgé de 20 ans au 31 décembre de l'année de l'examen. — Aucune dispense d'âge n'est accordée.

2° Posséder le B E.

3° Justifier au moment de l'inscription de deux années d'exercice dans un établissement public d'enseignement ou dans une école privée (Décret du 18 janvier 1887, art. 108 modifié par décret du 3 juin 1902).

Le temps passé à l'Ecole normale compte, pour l'accomplissement du stage aux élèves-maîtres à partir de 18 ans, aux élèves-maîtresses à partir de 17.

Des dispenses de stage peuvent être accordées par le Ministre, sur l'avis du Conseil départemental (Loi du 30 octobre 1886, art. 23).

Pièces qu'il doit déposer à l'inspection académique

1° Demande d'inscription sur timbre à 0 fr. 60, écrite et signée par lui, et dans laquelle il indiquera le lieu où il désire subir l'épreuve écrite : il est entièrement libre de choisir son centre d'examen,

2° Extrait de son acte de naissance sur timbre à 1 fr. 80 et légalisé ;

3° B. E. ou B. S. ;

4° Etat de ses services (sur papier libre) (Arrêté du 18 janvier 1887, art. 155).

5° Extrait de l'acte de mariage pour les institutrices mariées ; de l'acte de décès du mari, pour les veuves.

Date de l'inscription : 15 jours au moins avant l'ouverture de la session (Même article).

Date de l'épreuve écrite : Elle a lieu au mois de février, au chef-lieu de chaque arrondissement, sous la surveillance de l'inspecteur primaire (Arrêté du 18 janvier 1887, art. 154, modifié par l'arrêté du 9 décembre 1901).

Date de l'épreuve pratique : Avant le 1er décembre de l'année de l'examen (Arrêté du 9 décembre 1901).

Examen

3 Epreuves

Nature de l'épreuve	Durée	Mode d'appréciation
1° Epreuve écrite. .	3 heures	0 à 20
2° » pratique.	Classe	»
3° » orale. .	20 minutes au maximum	»
Total des points à réunir : 30.		

1° Epreuve écrite.

Elle consiste en une composition française sur un sujet élémentaire d'éducation ou d'enseignement (Arrêté du 18 janvier 1887, art. 159). Le candidat doit être en mesure de traiter un sujet d'agriculture puisqu'il est dans l'obligation, pour devenir instituteur titulaire, de prouver qu'il est capable de faire une leçon sur tout ce qui est enseigné dans la catégorie d'établissements où il exerce (Circulaire du 24 octobre 1895).

L'épreuve écrite est éliminatoire : le candidat doit obtenir au moins la note 10 (Arrêté précité, art. 163). — Son dossier, et particulièrement les notes qu'il a obtenues dans l'inspection, sont mis sous les yeux de la Commission qui en tient compte dans ses appréciations. (Art. 157).

2° *Épreuve pratique.*

Le candidat est appelé à faire une classe dans une *école primaire publique.* Les aspirantes peuvent, *à leur choix*, subir l'épreuve pratique dans une école maternelle ou dans une école de filles.

L'école dans laquelle le candidat est appelé à subir l'épreuve *lui est ouverte 24 heures à l'avance.* Il en prend la direction le jour de l'épreuve *et est tenu de se conformer à un programme arrêté par la Commission.*

Ce programme lui *est remis 24 heures à l'avance :* il doit se rapprocher autant que possible de l'ordre des exercices inscrits à l'emploi du temps de l'école au jour de l'examen (Art. 160, modifié par l'arrêté du 27 juillet 1893) (1).

S'il n'a pas obtenu la note 10 pour l'épreuve pratique, il est ajourné (Art. 163).

Les Sous-Commissions.

Pour procéder à l'épreuve pratique, la Commission d'examen peut se partager en Sous-Commissions de trois membres au moins. Un inspecteur primaire et un instituteur pour les aspirants, une institutrice pour les aspirantes, font nécessairement partie de chacune de ces Sous-Commissions.

L'inspecteur d'Académie fait partie de droit de toutes

(1) L'épreuve pratique consistera en une classe de trois heures faite par le candidat dans l'école ou la classe qu'il dirige (Modification introduite le 12 août 1893. Voir le *Bulletin administratif.*)

les Sous-Commissions. En cas de partage des suffrages, sa voix est prépondérante (Art. 161).

3° *Épreuve orale.*

L'épreuve orale consiste :

1° Dans l'appréciation de cahiers de devoirs mensuels ;

2° Dans des interrogations en rapport avec les autres épreuves déjà subies par le candidat et portant sur des sujets relatifs à la tenue et à la direction d'une école primaire élémentaire ou maternelle, ou sur des questions de pédagogie pratique.

L'épreuve a lieu devant la commission réunie (Art. 162).

La note de l'épreuve pratique peut compenser l'insuffisance de celle de l'épreuve orale : tout candidat, pour être admis, doit obtenir la moyenne de 30 pour l'ensemble des épreuves (Art. 163).

Bénéfice de l'admissibilité

Les aspirants et aspirantes, qui échouent à l'épreuve pratique ou à l'épreuve orale, conservent à la session suivante le bénéfice de l'admissibilité prononcée à la suite de l'épreuve écrite (Arrêté du 9 décembre 1901).

Importance du C. A. P.

Le C. A. P. est le titre indispensable pour être instituteur titulaire ; il est exigé des instituteurs candidats au C. A. l'inspection primaire et à la direction des écoles normales, au C. A. à l'enseignement agricole, au C. A. au professorat des classes élémentaires dans les Lycées. Les postulants à l'emploi de commis d'inspection académique doivent, à défaut du B. S., justifier de la possession du C. A. P. Pour être surveillant répétiteur dans les Ecoles des arts et métiers, détaché dans un Lycée ou un Collège, professeur de 3e ordre dans un Collège, maître adjoint, économe dans une Ecole normale, professeur en Cochinchine, l'instituteur doit être pourvu du C. A. P.

L'INSTITUTEUR ÉLECTEUR ET ÉLIGIBLE AU CONSEIL DÉPARTEMENTAL

Entrent dans la composition du Conseil départemental 2 Instituteurs et 2 Institutrices titulaires élus respectivement par les Instituteurs et Institutrices publics titulaires du département (Loi du 14 juillet 1901).

Pour prendre part à l'élection, les Instituteurs publics titulaires doivent être *en exercice* (Décret du 12 novembre 1886, art. 1).

Les Directeurs, Professeurs, Instituteurs adjoints des Ecoles primaires supérieures sont électeurs et éligibles au Conseil départemental (Lettre ministérielle, — décembre 1901). — Ils sont d'ailleurs justiciables de ce Conseil.

Les Instituteurs et les Institutrices détachés dans un Lycée (ou un Collège) postérieurement au décret du 31 octobre 1892 doivent figurer sur la liste des électeurs au Conseil départemental.

Il n'en est pas de même de ceux qui exerçaient dans les Lycées antérieurement audit décret (Lettre ministérielle du 9 février 1903).

Les Professeurs-Directeurs d'écoles annexes aux Ecoles normales ne sont ni électeurs, ni éligibles (Avis du Comité du Contentieux. — Lettre ministérielle du 26 décembre 1902). — Par contre, l'électorat et l'éligibilité restent conférés aux Instituteurs-Directeurs de ces écoles. (Même lettre).

Les Instituteurs admis à la retraite cessent de faire partie du Conseil départemental du jour où la pension de retraite leur a été attribuée ; à cette date, il doit être procédé à leur remplacement (Lettre ministérielle du 9 février 1903).

PRINCIPALES ATTRIBUTIONS DU CONSEIL DÉPARTEMENTAL

Organisation pédagogique des écoles. — Réformes ayant trait à l'enseignement. — Inspection des écoles publiques et privées par le tiers de ses membres. — Examen des rapports et propositions de l'Inspecteur d'Académie. — Titularisations et promo-Créations, appropriations ou suppressions d'écoles, de classes. — Ouverture de pensionnats publics ou privés. — Bourses d'enseignement primaire supérieur. — Nombre d'élèves à admettre dans les écoles normales. — Nomination des délégués cantonaux.

Les vœux doivent être relatifs à l'enseignement (Circulaire du 4 juin 1903.)

DURÉE DU MANDAT : 3 années (Loi du 30 octobre 1886, art. 44 à 53.)

L'INSTITUTEUR ORGANISE UN COURS D'ADULTES

COMMENT LE COURS D'ADULTES EST-IL CRÉÉ ?

Le cours d'adultes est créé par le Préfet, à la demande du Conseil municipal, et sur l'avis de l'Inspecteur d'Académie (Décret du 18 janvier 1887, art. 98 modifié par décret du 11 janvier 1895) (1).

QUELLES FORMALITÉS L'INSTITUTEUR A-T-IL A REMPLIR POUR ÊTRE CHARGÉ DU COURS D'ADULTES ?

Il doit adresser au Préfet, par l'intermédiaire de l'Inspecteur primaire et de l'Inspecteur d'Académie, une de-

---

(1) Si le conseil municipal s'oppose à l'ouverture d'un cours d'adultes public, l'Instituteur peut ouvrir un cours privé (Loi du 30 octobre 1886, art. 8), mais en dehors de l'école, qui ne peut être affectée qu'à l'enseignement public.

mande d'autorisation visée par le Maire et accompagnée du programme d'enseignement (Même décret, art. 103).

RÉGLEMENTATION DU COURS D'ADULTES

Élèves. — Ne peuvent être admis à suivre les classes d'adultes que les enfants âgés d'au moins 13 ans (Article 100 du décret précité).

La réunion d'élèves des deux sexes n'est pas autorisée (Loi du 30 octobre 1886, art. 8).

Enseignement. — L'enseignement peut porter sur l'instruction élémentaire et supérieure ou comprendre des cours théoriques et pratiques spécialement appropriés aux besoins de la région (Art. 99 du décret précité).

Sections. — Il pourra être établi 2 ou plusieurs sections distinctes, suivant l'âge et le degré d'instruction des élèves (Art. 102).

Inspection. — Les classes d'adultes et d'apprentis sont soumises aux mêmes inspections que les écoles primaires (Art. 101).

Rétribution. — L'art. 8 de la loi du 30 octobre 1886 ne prévoit que des cours publics, gratuits d'adultes ou d'apprentis en dehors des cours d'adultes privés.

CE QUE PEUT FAIRE L'INSTITUTEUR EN APPLICATION DE LA RÉGLEMENTATION OFFICIELLE

Les matières fondamentales : lecture, calcul et écriture, seront enseignées aux illettrés et aux adultes qui n'ont pu profiter du temps de la scolarité.

Avec les autres, on reprendra :

Les exercices de rédaction, lettres d'affaires, réclamations administratives, pétitions, requêtes, actes sous-seing privé ;

L'enseignement moral et civique en lui donnant un

caractère plus précis et plus viril, et en insistant sur les droits des citoyens, les obligations militaires, les devoirs de l'électeur, les fonctions électives, l'impôt ;

L'histoire contemporaine ;

La géographie économique, agricole, industrielle, coloniale de la France, comparée avec celle des autres pays du monde, et en attirant surtout l'attention des jeunes gens sur les débouchés que nos colonies réservent à l'activité et à l'initiative nationales.

Le programme pourra comprendre encore :

Des notions de droit rural et de droit constitutionnel ;

L'étude du cadastre ;

Le relevé d'une parcelle de terre ;

Des notions d'arpentage et de cubage ;

L'hygiène, surtout celle de l'alimentation et de l'habitation ;

Les sciences appliquées à l'agriculture : emploi des engrais ; culture de la vigne ; greffage et taille des arbres ;

Le dessin ;

L'enseignement professionnel : leçons de menuiserie, de charronnage, de vannerie, etc.

Chaque séance se terminera par un récit tiré de l'histoire locale, par une lecture attrayante puisée dans les auteurs aimés du public, tels que Daudet, Claretie, Guy de Maupassant, Töpffer, Cherbuliez, Hector Malot, Edmond About, ou empruntée à des revues périodiques.

SUBVENTION DE L'ETAT

La subvention de l'Etat ne peut être accordée au cours d'adultes que si la commune se charge des dépenses de chauffage et d'éclairage. Cette subvention, allouée sur la proposition du Préfet, ne dépasse pas la moitié des frais qu'entraîne le cours (Décret précité, art. 104).

CONCESSIONS DE LIVRES ET DE MATÉRIEL D'ENSEIGNEMENT

Des concessions de livres et de matériel d'enseignement peuvent être allouées aux associations d'enseignement créées en vue d'organiser des cours d'adultes ou d'apprentis (Même article).

RÉMUNÉRATION DU COURS

Lorsque la commune prend à sa charge les frais du cours, les conditions de rémunération sont fixées de gré à gré entre elle et le Directeur (Décret précité, art. 105).

L'INSTITUTEUR PEUT-IL ÊTRE CONTRAINT DE DIRIGER UN COURS D'ADULTES?

Aucun Instituteur ne peut être contraint de diriger un cours d'adultes (Décret précité, art. 103).

RÉCOMPENSES DÉCERNÉES AU TITRE DES COURS D'ADULTES

1° Des palmes d'Officier de l'Instruction publique; 2° des palmes d'Officier d'Académie; 3° des médailles de vermeil avec prime de 100 francs; 4° des médailles d'argent avec prime de 75 francs; 5° des médailles de bronze avec prime de 50 francs; 6° des dons de livres; 7° des témoignages de satisfaction (diplômes) et rappels de diplômes; 8° des lettres de félicitations et rappels de lettres sont accordés, chaque année, aux Instituteurs qui se sont le plus dévoués à l'enseignement des adultes.

Pour obtenir les palmes d'Officier d'Académie et d'Officier de l'Instruction publique, ils doivent justifier au moins de la possession de la médaille de bronze des Instituteurs et de la médaille de bronze décernée pour collaboration aux œuvres complémentaires de l'école (Décret du 27 décembre 1900, art. 3).

Les récompenses précitées sont accordées sur les propositions des Préfets et des Recteurs.

Ceux qui non seulement ont donné leur temps et leurs peines, mais ont accepté de faire des sacrifices pécuniaires, tels que frais d'éclairage et de chauffage, achat d'appareils à projections, peuvent obtenir une somme d'argent non inférieure à 25 francs. Il est bien entendu qu'un maître ne peut recevoir en même temps une médaille avec prime et une somme d'argent.

Les Instituteurs qui désirent concourir pour ces récompenses doivent le faire savoir, avant le 1er avril, à l'Inspecteur primaire, par lettre accompagnée de toutes les indications qu'ils jugent utile de fournir.

Dans la liste de propositions dressée par la Commission départementale (1), il est tenu compte au candidat : 1° des services rendus comme Instituteur ; 2° de la valeur de l'enseignement donné aux adultes ; 3° des œuvres auxiliaires.

L'INSTITUTEUR CONFÉRENCIER

AUTORISATION PRÉALABLE

Toute latitude est laissée à l'Instituteur qui se propose de faire des conférences ou des causeries populaires dans les Sociétés d'enseignement reconnues d'utilité publique. Il doit toutefois en aviser l'inspecteur d'Académie (Circulaire du 31 janvier 1896).

Si les conférences ou causeries ne devaient pas être faites dans une société reconnue d'utilité publique, c'est l'article 103 du décret du 18 janvier 1887 (modifié par celui du 11 janvier 1895) qui serait, à notre avis, applicable, bien qu'il ait trait au cours d'adultes :

« Les conférences peuvent être confiées à toute per-

(1) Commission composée des Inspecteurs primaires sous la présidence de l'Inspecteur d'Académie.

sonne qui en fera la demande sur la proposition du maire, approuvée par le Préfet, après avis de l'Inspecteur d'Académie. Le programme de ces conférences sera soumis à l'Inspecteur d'Académie en même temps que la demande ».

DANS QUEL ESPRIT LES CONFÉRENCES DOIVENT-ELLES ÊTRE FAITES ?

Les conférenciers ne doivent avoir d'autre préoccupation que de choisir leurs sujets de façon à contribuer réellement à l'*instruction* et à l'*éducation* de l'auditoire auquel ils s'adressent (Circulaire du 11 novembre 1896); en aucun cas, ces sujets ne se rattacheront à la politique intérieure du pays (Circulaire du 19 mars 1900).

Le plus souvent, la conférence gagnera à être accompagnée de vues. (L'instituteur peut s'adresser au Musée pédagogique pour obtenir ces vues. Un exemplaire du catalogue est envoyé gratuitement. — Les demandes, soit de collections, soit de catalogues, doivent être adressées au Ministre de l'Instruction publique, 41, rue Gay-Lussac, pour jouir de la franchise postale.)

Il est facile de la transformer en une véritable petite fête de l'esprit, de saisir cette occasion pour appeler l'attention des habitants de la commune sur l'œuvre scolaire, sur la nécessité d'une fréquentation régulière de l'école par les élèves, sur l'utilité des œuvres de prévoyance ou de solidarité sociale : mutualité, caisse d'épargne, caisse nationale de retraites, associations amicales, patronages, etc.

SUJETS POUVANT SERVIR DE MATIÈRE A UNE CONFÉRENCE

Développement d'un chapitre d'histoire de France : l'histoire du peuple ; le serf d'autrefois ; la Révolution française ; le citoyen d'aujourd'hui ;

Les grands hommes d'État ;

Les exemples de courage civil et de courage militaire ;

Récit d'un voyage ; d'une exploration ;

La France ; sa situation dans le monde au point de vue de la superficie, de la population, des richesses agricoles, industrielles, commerciales ; de son armée, de sa marine, de ses colonies, de ses beautés naturelles ;

Les grandes découvertes ;

Les grandes inventions ;

L'hygiène. — Alcoolisme. — Tabagisme. — L'alimentation. — L'habitation. — Premiers soins à donner dans les maladies les plus communes ;

L'agriculture. — Les engrais chimiques. — Le greffage. — L'élevage. — L'assurance mutuelle contre la mortalité du bétail. — Le syndicat de battage. — Le crédit mutuel agricole. — Les warrants agricoles ;

L'horticulture ;

L'apiculture ;

L'histoire locale.

LES LECTURES

Les lectures historiques et les sujets d'actualité seront toujours goûtés des auditeurs. Quant aux lectures littéraires, le maître les choisira parmi les ouvrages des auteurs contemporains. Dans une circulaire du 11 novembre 1896, le Ministre, après avoir recommandé de faire une très large place aux œuvres modernes et aux œuvres d'imagination, ajoutait :

« Je sais des séances où la lecture d'une belle pièce de Victor Hugo, d'un conte patriotique de Daudet, d'une page enflammée de Michelet ont déterminé chez les auditeurs une émotion morale profonde ».

LES VEILLÉES POPULAIRES

L'instituteur se proposera, dans une veillée populaire, d'instruire son auditoire par une causerie ou une conférence qui pourra être précédée et suivie de chants, de morceaux de récitation, monologues, lectures dialoguées, de projections lumineuses.

On sait que pour les soirées de conférences populaires données publiquement à l'école et comportant une partie littéraire ou musicale, le syndicat de la Société des auteurs, compositeurs et éditeurs de musique exige l'abonnement d'un franc par an conformément à la circulaire du 21 mai 1894 (Circulaire du 8 août 1902.)

COMMENT LA TÂCHE DE L'INSTITUTEUR CONFÉRENCIER PEUT ÊTRE FACILITÉE

a) La Société nationale des conférences populaires

Une société vient en aide à l'Instituteur dans la préparation de ses conférences. C'est la Société nationale des conférences populaires, 15, Place de la Bourse, Paris.

Elle envoie gratuitement aux maîtres qui en font la demande et qui s'engagent à les utiliser des conférences imprimées sur les sujets les plus variés. Elle prête gratuitement des morceaux de poésie et de prose, des livres destinés à des lectures publiques, des morceaux de chant pour chœurs, des appareils à projections lumineuses, des appareils photographiques, des phonographes avec cylindres enregistrés, des matériels de chimie. Elle sert d'intermédiaire entre les instituteurs qui veulent acheter ces différents appareils et les fabricants. Enfin, elle distribue des médailles, des diplômes, des mentions honorables aux conférenciers qui lui envoient, à la fin de la campagne d'hiver, le résultat de leurs efforts. En échange de tous ces services, la Société n'exige des instituteurs qu'un compte rendu annuel.

b) Intervention des municipalités

L'instituteur fera bien d'intéresser le maire de sa commune à l'œuvre des conférences populaires ; le maire peut, en effet, proposer au Conseil municipal l'achat d'une lampe à projections : objet indispensable au conférencier pour rendre ses explications plus intéressantes et plus accessibles à la foule. — Au cas ou le Conseil municipal refuserait de voter le crédit nécessaire, l'instituteur aurait toujours la ressource de provoquer une souscription parmi ses auditeurs.

c) *L'union des maîtres*

Les maîtres peuvent s'entendre pour préparer chacun une conférence et en faire profiter les communes voisines de celles où ils exercent. Cette assistance mutuelle multiplie les résultats en même temps qu'elle diminue la fatigue des conférenciers. Ajoutons qu'elle est, aux yeux de tous, un exemple de bonne confraternité.

d) *Les Sociétés d'encouragement à l'éducation populaire*

Les sociétés d'encouragement à l'éducation populaire ont pour but de créer des centres d'échanges de vues, d'appareils à projections, de brochures, de conférences, de livres, et d'organiser, dans l'arrondissement, un groupement de personnes s'intéressant à l'œuvre de l'éducation populaire.

Elles se divisent en autant de sections qu'il y a de cantons. Chaque section a ordinairement pour siège la bibliothèque pédagogique et elle est reliée à un comité central siégeant au chef-lieu de l'arrondissement ou du département.

ŒUVRES ET INSTITUTIONS DIVERSES AUXQUELLES PEUVENT S'INTÉRESSER L'INSTITUTEUR ET L'INSTITUTRICE

1° HYGIÈNE. — SANTÉ. — ADRESSE

Cantine scolaire. — Vaccination et revaccination des élèves. — Prophylaxie de la tuberculose. — Sociétés contre l'alcoolisme. — Société contre l'abus du tabac. — Prix Huiard (enseignement de l'hygiène). — Bataillon scolaire. — Gymnastique; maniement des armes; tir. — Union nationale des sociétés de tir de France.

2° ÉDUCATION MORALE

a) — *Amour du prochain. — Protection des animaux*

Communication au Ministère des actes de courage, de dévouement et de probité des élèves. — Prix de vertu. — Société nationale d'encouragement au bien. — Union française pour le sauvetage de l'enfance. — Société protectrice des animaux.

b) — *Union. — Solidarité. — Assistance*

Association amicale d'anciens élèves. — Patronage scolaire.

c) — *Prévoyance*

Caisse d'épargne scolaire. — Société scolaire de secours mutuels; mutualité. — Caisse nationale de retraites pour la vieillesse.

3° DÉVELOPPEMENT DE L'INSTRUCTION. — ÉDUCATION INTELLECTUELLE

Caisse des écoles. — Bibliothèque scolaire. — Société Franklin. — Société pour l'instruction élémentaire. — Société pour l'instruction et la protection des sourds-muets. — Prix Pape-Carpantier pour la Directrice d'école maternelle la plus méritante. — Agriculture : champ d'expériences agricoles. — Sylviculture : reboisement. — Dessin : prix Monnier. — Sténographie. — Comité des travaux historiques et scientifiques. — Recherches historiques et archéologiques.

Les Associations

Les associations peuvent se former librement, sans autorisation, ni déclaration préalables (Loi du 1er juillet 1901, art. 2). — L'Instituteur enverra toutefois, pour approbation, à l'Inspecteur d'Académie, par l'intermédiaire de l'Inspecteur primaire, les statuts de l'association, en double exemplaire.

Les Sociétés de secours mutuels : mutualités

Un mois avant le fonctionnement d'une Société de secours mutuels, ses fondateurs doivent déposer en double exemplaire, à la Sous-Préfecture :

1° Les statuts de ladite association ;

2° La liste des noms et adresses de toutes les personnes chargées de l'administration ou de la direction. — Ces pièces peuvent être établies sur papier libre. (Loi du 1er avril 1898). — Pour une société « approuvée », le dépôt est exigé en 4 exemplaires (Même loi).

DEUX INSTITUTIONS QUI DOIVENT RETENIR L'ATTENTION DE L'INSTITUTEUR : LA CAISSE DES ÉCOLES, LA BIBLIOTHÈQUE SCOLAIRE

LA CAISSE DES ÉCOLES

A-T-ELLE UN CARACTÈRE OBLIGATOIRE ?

L'art 17 de la loi du 28 mars 1882 a prescrit que dans toute commune sera organisée une Caisse des écoles.

SON BUT

Elle se propose de faciliter la fréquentation des clas es par des récompenses, sous forme de livres utiles et de livrets de caisse d'épargne, aux élèves les plus appliqués et par des secours aux élèves indigents ou peu aisés, soit en leur donnant les livres et les fournitures de classe qu'ils ne pourraient se procurer, soit en leur distribuant des vêtements, des chaussures, et, pendant l'hiver, des aliments chauds. (Circulaire du 29 mars 1882. — modèle de statuts).

Elle peut affecter une partie de ses ressources à payer les frais occasionnés aux élèves indigents par la fréquentation des études surveillées, mais il ne lui appartient pas d'en assurer indistinctement le bénéfice à tous les élèves des écoles publiques (Conseil d'Etat. Avis du 14 juin 1894).

OU PEUT-ELLE TROUVER LES RESSOURCES NÉCESSAIRES?

Elle peut recevoir :

1° Une subvention de la commune, du département, de l'Etat ;

2° Des fondations et souscriptions particulières;

3° Des dons, legs, produits de quêtes et de fêtes de bienfaisance ;

4° Des dons en nature, tels que livres, objets de papeterie, vêtements, denrées alimentaires (Modèle précité, art. 2).

Les communes sont en droit d'exiger des notaires qui recourent à l'usage des salles d'école, pour adjudications publiques, le paiement, au bénéfice de la Caisse des écoles, d'une redevance fixée par la circulaire du 30 août 1882 : 5 fr. pour une adjudication de 1 000 fr. et au-dessus, 3 fr. 50 pour une somme inférieure à 1 000 fr.

Service de la Caisse. — Il peut être fait gratuitement par le Percepteur (Loi du 10 avril 1867, art. 15).

Répartition des secours. — Elle incombe à la Commission scolaire (Loi du 28 mars 1882, art. 17).

DANS QUELLES CONDITIONS LA SUBVENTION DE L'ÉTAT EST-ELLE ACCORDÉE?

Les encouragements de l'Etat sont maintenant accordés, dans la limite des fonds dont dispose le Ministre, non plus en vertu d'un droit pour la commune d'y prétendre, mais en raison de ses sacrifices, de ses besoins et de l'emploi judicieux des ressources spéciales de sa Caisse des écoles (Circulaire du 27 juillet 1889).

PAR QUI LA DEMANDE DE SUBVENTION DOIT-ELLE ÊTRE FAITE ?

Elle doit être faite par le Maire, Président du Comité d'administration de la Caisse, et adressée au Préfet. — Une expédition du budget de la Caisse pour l'année précédente et l'année courante est annexée à la demande. On peut se procurer des imprimés, pour l'établissement de cette expédition, à la Préfecture du département (Circulaire du 2 mai 1890).

PRESCRIPTION ESSENTIELLE EN CE QUI CONCERNE L'EMPLOI DES RESSOURCES DE LA CAISSE

Les ressources provenant de la Caisse et la subvention de l'Etat inscrite au budget du Ministère pour venir en aide à cet établissement doivent être affectées en premier lieu à la fourniture gratuite des livres aux élèves indigents (Décret du 29 janvier 1890, art. 8).

La jurisprudence reconnaît d'ailleurs que la Caisse ne peut :

1° subventionner les écoles privées ;

2° accepter des libéralités en faveur des élèves des écoles privées ; car elle n'est pas un établissement de bienfaisance, mais un établissement scolaire annexe, ayant un caractère public. — Devenue obligatoire dans chaque commune, elle ne peut plus, comme établissement public, concourir qu'au service de l'enseignement primaire public (Conseil d'Etat. — Arrêt du 22 mai 1903.)

ACCEPTATION DE CERTAINES LIBÉRALITÉS

Est-ce à la commune ou à la Caisse des écoles d'inscrire à son budget des libéralités faites en vue :

a. — De l'instruction des enfants pauvres ;

b. — De la distribution aux mêmes enfants de secours en nature, d'aliments, de livres de prix ;

c. — D'une subvention à l'instituteur pour sa participation aux œuvres précédentes ?

Sous ces 3 formes, les libéralités, prises comme exemple, sont destinées à encourager et à faciliter la fréquentation de l'école. Or c'est bien là le but fixé par la loi du 10 avril 1867 à la Caisse des écoles. Comme celle du 28 mars 1882 lui a donné, dans son article 17, un caractère obligatoire, nous conclurons, qu'en vertu du principe de la spécialité, elle peut inscrire ces libéralités à son budget (Jurisprudence).

MODÈLE DE STATUTS

Le lecteur trouvera un modèle de statuts annexé à la circulaire du 29 mars 1882.

FORMALITÉS NÉCESSAIRES POUR LA CRÉATION

Une délibération du Conseil municipal, approuvée par le Préfet, est la seule formalité exigée pour la création (Loi du 10 avril 1867, art. 15). — Les statuts sont déposés en double exemplaire à la Sous-Préfecture (à la Préfecture pour l'arrondissement chef-lieu).

Les circulaires des 12 mai 1867, 29 mars 1882, 10 juillet 1895 et 4 mars 1902 ont vivement recommandé l'institution de la Caisse des écoles.

LA BIBLIOTHÈQUE SCOLAIRE

FORMATION D'UN PREMIER FONDS

Les souscriptions et les cotisations personnelles, les abonnements, une fois la bibliothèque fondée, la subvention des Conseils municipaux et des Conseils généraux sont autant de moyens de former un premier fonds, qui ne tardera pas à s'augmenter rapidement à mesure que le goût de la lecture se répandra.

Rappelons brièvement les instructions officielles qui ont été données à ce sujet :

« Les municipalités pourraient coopérer au renouvellement des volumes. Inspecteurs et instituteurs doivent les y engager », prescrit le ministre, le 12 janvier 1876.

La même année, il insiste « sur l'heureuse impulsion que donnerait, au développement de l'œuvre, le vote de subventions départementales ou communales » (Circulaire du 24 décembre).

En 1881, il recommande aux communes « de faire elles-mêmes de nouveaux sacrifices au moyen de souscriptions, cotisations volontaires, allocations votées par le Conseil municipal, et de ne pas s'habituer à compter uniquement sur les dons du ministère » (Circulaire du 7 janvier).

DU CHOIX DES OUVRAGES

Aucun ouvrage, qu'il provienne soit d'acquisition, soit de dons faits par les particuliers, ne peut entrer dans les bibliothèques populaires des écoles sans l'autorisation de l'inspecteur d'Académie (Circulaire du 1er juin 1886).

Cette autorisation ne se rapporte qu'au seul exemplaire

acquis ou offert, devant figurer dans une bibliothèque nommément désignée, et ne peut devenir une approbation générale que le ministre seul peut donner après examen d'une Commission spéciale (Circulaire du 3 novembre 1874).

Il est interdit aux instituteurs d'introduire dans les bibliothèques scolaires des ouvrages et écrits politiques (Circulaire du 12 janvier 1876).

Pour faire un choix judicieux, le maître consultera le catalogue officiel des bibliothèques scolaires qu'il demandera en communication à l'inspecteur primaire (Circulaire du 1er juin 1886). — Depuis le 1er janvier 1887, l'insertion au bulletin départemental des listes de livres successivement données par le bulletin officiel a dû être continuée sans interruption (Circulaire du 7 janvier 1887). Il pourra donc se reporter également à ce bulletin.

ACHAT DE LIVRES

Les communes peuvent s'adresser pour les livres qu'elles achètent directement avec leurs ressources, soit aux libraires de la localité, soit aux divers libraires de la province ou de Paris. Mais elles ont tout intérêt à s'adresser à l'adjudicataire accepté par l'administration.

AVANTAGES PROCURÉS AUX COMMUNES PAR L'ADJUDICATION

Ces avantages, énumérés dans le catalogue officiel, sont :

1° De ne faire, si elles le désirent, qu'une seule commande, au lieu de s'adresser à plusieurs éditeurs ;

2° De recevoir les ouvrages solidement reliés, d'après un modèle uniforme ;

3° De recevoir les volumes demandés, franco de port et en bon état, jusqu'à la station du chemin de fer la plus rapprochée de la commune ;

4° De n'avoir à payer, pour tous les avantages qui précèdent et pour l'achat du livre lui-même, que le prix fort des ouvrages brochés porté sur le catalogue, déduction faite du rabais de 5 0/0 consenti par l'adjudicataire.

Ils ne s'appliquent qu'aux ouvrages admis sur les listes officielles publiées ou à publier par l'administration.

FORME QUE DOIT REVÊTIR LA COMMANDE

Pour profiter des avantages ci-dessus énumérés, les communes doivent envoyer directement au ministère de l'Instruction publique (1) une demande conforme au modèle donné par le catalogue officiel et indiquant :

1° Le montant de la somme destinée à un achat de livres ;

2° La liste des ouvrages, choisis dans le catalogue, avec l'indication exacte de la série à laquelle appartient l'ouvrage, du numéro d'ordre, du titre, du nom de l'auteur, du prix fort ;

3° Une liste supplémentaire de livres également choisis dans le catalogue officiel, pour le cas où des ouvrages figurant sur la première liste seraient épuisés en librairie ;

4° La gare du chemin de fer la plus voisine de la commune et la ligne sur laquelle cette gare est située.

Cette demande doit toujours porter le visa de l'inspecteur d'Académie.

EXPÉDITION DES OUVRAGES

L'adjudicataire auquel la commande est immédiatement transmise par le ministère expédie les ouvrages aux communes dans un délai d'un mois ; il informe la commune destinataire de l'expédition de la commande (2).

---

(1) L'éditeur adjudicataire retourne aux intéressés toute demande de livres qui lui serait adressée directement. (Circulaire du 1er juin 1886.)

(2) Les réclamations relatives aux fournitures comprises dans l'adjudication doivent être adressées directement au ministre.

MODE DE PAYEMENT

Les dons et souscriptions destinés à l'achat de livres pour la bibliothèque scolaire sont versés, avec cette affectation spéciale, dans la caisse du receveur municipal.

Le prix est payé par la commune à l'adjudicataire de la manière suivante :

Le maire délivre, sur la caisse du receveur municipal, un mandat au profit, non de l'adjudicataire, mais du trésorier général, qui s'en charge, en recette, à titre de cotisations municipales et particulières, et qui reste ensuite chargé de faire parvenir les fonds à l'adjudicataire en un mandat sur le Trésor, sans qu'il en résulte aucun frais pour les communes.

Comment la bibliothèque peut être enrichie

LES CONCESSIONS DU MINISTÈRE. — CONDITIONS DE LEUR OBTENTION

L'administration vient en aide, dans la mesure des crédits dont elle dispose, aux efforts faits par les communes et les particuliers. Elle accorde des livres aux communes qui peuvent justifier :

1° De l'acquisition d'une armoire-bibliothèque ;

2° De l'acquisition de livres de classe en quantité suffisante pour les besoins des élèves indigents (Arrêté du 1er juin 1862, art. 4).

Une nouvelle concession de livres ne peut être obtenue que deux ans après la dernière et si la commune justifie de l'acquisition de livres faite de ses propres deniers (Circulaire du 7 janvier 1881).

L'inspecteur primaire est tenu de faire des propositions de concessions de livres pour les bibliothèques scolaires une fois par an (Circulaire du 20 juillet 1891).

L'instituteur peut donc l'entretenir de la nécessité d'une concession pour la bibliothèque de son école.

Voici l'ordre dans lequel les communes doivent être classées par le préfet dans son travail de propositions :

1° Communes qui n'ont pas encore de livres et celles qui n'ont été l'objet d'aucune concession ;

2° Communes à qui un premier envoi a déjà été fait ;

3° Quant aux communes qui auraient reçu de l'État deux ou plusieurs concessions, elles ne doivent être présentées que si elles se sont imposé quelques sacrifices pour accroître le fonds de leur bibliothèque (Circulaire du 30 septembre 1881).

Le maire, de son côté, peut demander une collection d'ouvrages au ministre par l'intermédiaire du préfet : il rappellera la date de la dernière concession ministérielle obtenue et insistera surtout sur la situation financière de la commune qui ne lui permet pas de nouveaux sacrifices.

Les livres donnés par le ministère sont envoyés *franco*, à l'adresse du maire, à la gare de petite vitesse la plus rapprochée de la commune.

Dans le mois de la réception, l'instituteur doit faire parvenir au préfet un récépissé détaillé des ouvrages accordés à la bibliothèque avec mention des numéros sous lesquels ils ont été portés à l'inventaire (Circulaire du 30 septembre 1881).

PRESCRIPTIONS QUE L'INSTITUTEUR NE DOIT PAS PERDRE DE VUE EN TANT QUE BIBLIOTHÉCAIRE

La bibliothèque scolaire est placée sous sa surveillance (Arrêté du 1er juin 1862, art. 2).

Les livres doivent être rangés dans une armoire conforme au modèle annexé à la circulaire du 31 mai 1860 (Même article).

La place de cette armoire n'est pas dans une salle de mairie, mais dans la salle de classe de l'école (Circulaire du 24 décembre 1876).

Tous les volumes seront, autant que possible, reliés : l'instituteur est responsable de leur conservation. Aucun ne peut disparaître de la bibliothèque. Les livres perdus ou détériorés doivent être remplacés aux frais des personnes qui les ont mis hors de service. Lorsqu'un des volumes est détruit, le fait doit être constaté par un procès-verbal de destruction qui est soumis aux autorités compétentes (Même circulaire).

Il est défendu d'attacher une rétribution au prêt des livres (Circulaires des 24 décembre 1876 et 25 juin 1880).

La bibliothèque placée à l'école est une véritable bibliothèque populaire dont l'instituteur est, de droit, bibliothécaire. (Circulaire du 7 janvier 1881). — Les ouvrages qui la composent doivent être prêtés indistinctement à tous les habitants de la commune (Même circulaire).

Le règlement du 1er juin 1862 sera affiché dans l'école. (Arrêté du 1er juin 1862, art. 14).

L'instituteur conservera et classera, dans un ordre méthodique, les mémoires, quittances, lettres et toutes les pièces de correspondance relatifs à la bibliothèque (Même arrêté, art. 9).

Chaque année, au 31 décembre, il dressera, en présence du maire, la situation de la bibliothèque, ainsi que celle de la caisse. Le procès-verbal de cette double opération sera adressé à l'inspecteur d'Académie par l'intermédiaire de l'inspecteur primaire (Même arrêté, art. 10) (1).

Enfin, il n'oubliera pas que ce dernier doit, « quand il visite les écoles de sa circonscription, donner une attention toute spéciale à la tenue des bibliothèques, examiner de très près les causes d'insuccès de telle ou telle, se rendre compte si l'absence de lecteurs est due à ce

(1) Pour le récolement à faire : 1° à l'arrivée ; 2° au départ de l'instituteur, voir les chapitres du Guide ayant trait à ces deux situations.

que les volumes ont été lus, à l'indifférence des habitants ou à la faute de l'instituteur ». (Circulaire du 24 décembre 1870).

L'INSTITUTEUR CONSTATE UNE MALADIE ÉPIDÉMIQUE DANS SA CLASSE

CE QU'IL DOIT FAIRE DÈS L'APPARITION DES PREMIERS SYMPTOMES

Dès que l'enfant est atteint de fièvre, il doit être immédiatement éloigné de l'école ou envoyé à l'infirmerie dans le cas d'un internat (Règlement modèle du 18 août 1893, art. 8).

Si l'élève est atteint d'une maladie contagieuse confirmée, cette précaution s'impose à plus forte raison. Sur l'avis du médecin chargé de l'inspection, l'éviction peut s'étendre aux frères et sœurs du malade ou même à tous les enfants habitant la même maison (Même règlement, art. 9).

L'INSTITUTEUR EST-IL CHARGÉ D'UN SERVICE D'INFORMATION DANS LE CAS D'UNE MALADIE ÉPIDÉMIQUE?

Le service d'information et de statistique organisé par la circulaire du 12 décembre 1890 a été supprimé en 1896, la loi du 30 novembre 1892 ayant rendu obligatoire la déclaration des cas de maladies épidémiques par les médecins et les sages-femmes. La dispense de produire des états périodiques ne saurait toutefois avoir pour conséquence de faire disparaître l'habitude prise par les maîtres et les maîtresses de tenir les autorités municipales au courant de l'état sanitaire de leurs écoles. Cette prétique, venant corroborer les déclarations des médecins, les précéder ou les suppléer dans certains cas, ne peut avoir que les meilleurs effets pour sauvegarder la santé des élèves (Circulaire du 6 mars 1896).

LES POUVOIRS DU MAIRE

Le Maire est chargé de veiller sur l'hygiène et la tenue des élèves (Décret du 18 janvier 1887, art. 140). La police municipale est une de ses attributions. A lui revient donc le soin « de prévenir par des précautions convenables ou de faire cesser par des distributions de secours les accidents et les fléaux calamiteux, tels que les maladies épidémiques ou contagieuses, en provoquant, s'il y a lieu, l'intervention de l'administration supérieure » (Loi du 5 avril 1884, art. 97). Nous reconnaissons, par conséquent, qu'il peut décider la fermeture de l'école.

LES POUVOIRS DU PRÉFET

Mais sa décision doit être sanctionnée par le Préfet. Car, en vertu de l'art. 272 de l'arrêté du 18 janvier 1887 modifié par l'arrêté du 18 janvier 1893, c'est le Préfet qui, sur la proposition de l'Inspecteur d'Académie, après avis du Maire et du Comité départemental d'hygiène, détermine les mesures sanitaires à prendre dans les écoles primaires publiques et privées, et prononce, s'il y a lieu, la fermeture temporaire.

PRESCRIPTIONS A OBSERVER PAR L'INSTITUTEUR

Elles sont renfermées dans les art. 11 et 13 du Règlement du 18 août 1893 :

« Il est adressé à la famille de chaque enfant atteint d'une affection contagieuse une instruction sur les précautions à prendre contre les contagions possibles, sur la nécessité de ne renvoyer l'enfant qu'après qu'il a été baigné ou lavé plusieurs fois au savon, que tous ses habits ont subi soit la désinfection, soit un lavage complet à l'eau bouillante. » (Art. 11.)

« Si le licenciement est reconnu nécessaire, il est envoyé à chaque famille, au moment du licenciement, un exemplaire de l'instruction relative à la maladie qui l'a nécessité. » (Art. 13.)

Où l'Instituteur peut-il trouver des exemplaires de cette instruction ? Au bureau de l'Inspecteur primaire. (Circulaire du 14 mars 1896.)

DANS QUELS CAS DE MALADIES LE LICENCIEMENT PEUT-IL ÊTRE PRONONCÉ ?

Le licenciement ne doit être prononcé que dans les cas suivants : variole, scarlatine, rougeole, varicelle, oreillons, diphtérie, coqueluche, teigne, pelade. Auparavant, on doit recourir aux évictions successives et employer les mesures de désinfection prescrites par l'art. 10 du Règlement du 18 août 1893. La désinfection se fait soit dans l'entre-classe, soit le soir après le départ des élèves. Dans les cas de variole, scarlatine, rougeole, diphtérie, les livres, les cahiers des élèves malades sont détruits (Même Règlement, art. 10 et 14).

DURÉE DE L'ÉVICTION

Variole : 40 jours. — Scarlatine : 40 jours. — Rougeole : 16 jours. — Oreillons : 10 jours. — Diphtérie : 40 jours. — Coqueluche : 3 semaines. [Varicelle, teigne et pelade : évictions successives]. (Même Règlement, art. 14.)

L'ASSISTANCE MÉDICALE GRATUITE

Tout Français malade, privé de ressources, reçoit gratuitement de la commune, du département ou de l'État, suivant son domicile de secours, l'assistance médicale à domicile ou, s'il y a impossibilité de le soigner utilement à domicile, dans un établissement hospitalier (Loi du 15 juillet 1893, art. 1).

L'enfant a le domicile de secours de son père, ou de sa mère, si celle-ci a survécu au père (Même loi, art. 6).

C'est la Commission administrative du bureau d'assistance [1] qui dresse la liste des personnes admises à l'assistance médicale. (Art. 12). — Cette liste est arrêtée par le Conseil municipal qui délibère en Comité secret (Art. 14).

RENTRÉE A L'ÉCOLE DES ÉLÈVES QUI ONT ÉTÉ MALADES

Les enfants qui ont été malades ne peuvent rentrer à l'école « qu'avec un certificat médical et après qu'il s'est écoulé, depuis le début de la maladie, une période de temps égale à celle prescrite par les instructions de l'Académie de médecine » (Règlement du 18 août 1893, art. 12).

L'INSTITUTEUR EST FRAPPÉ PAR LA MALADIE ; IL DÉSIRE SUIVRE UN TRAITEMENT THERMAL

L'Instituteur qui désire suivre un traitement thermal peut solliciter simplement la gratuité des eaux ou demander un secours au Ministre de l'Instruction publique.

---

(1) Commission formée par les commissions administratives réunies de l'hospice et du bureau de bienfaisance, ou par cette dernière seulement quand il n'existe pas d'hospice dans la commune. (Loi du 15 juillet 1893, art. 10.)

1° L'Instituteur sollicite la gratuité des eaux

a) DANS UN ÉTABLISSEMENT DE L'ÉTAT

Il adressera dans ce cas, en temps opportun, une demande sur papier libre (1) au Ministre de l'Intérieur par l'intermédiaire de l'Inspecteur primaire, de l'Inspecteur d'Académie et du Préfet. Il y joindra le certificat médical, également sur papier libre, prescrivant le traitement thermal.

L'intéressé doit se présenter, dès son arrivée à la station, au Commissaire du Gouvernement près les thermes; il produit sa lettre d'autorisation et le certificat médical constatant la nécessité du traitement : cette formalité est indispensable pour obtenir le certificat d'inscription.

Il se rend ensuite auprès du médecin dont les consultations sont gratuites pour les personnes munies d'une carte de gratuité : c'est ce dernier qui détermine la durée du traitement, la médication à suivre et remet à l'Instituteur les cachets de bains, d'inhalation, etc.

ÉTABLISSEMENTS DE L'ÉTAT ACCORDANT LA GRATUITÉ DES EAUX

Vichy.
Aix-les-Bains.
Luxeuil.

---

(1) La loi du 13 brumaire an VII, art. 16, exempte de la formalité du timbre les demandes de secours. C'est par extension que nous l'appliquons aux demandes de gratuité. Quant aux certificats médicaux, ils peuvent être produits sur papier libre en vertu du paragraphe 1 de l'instruction générale de l'enregistrement 2921 et de l'art. 4 de la loi de finances du 29 mars 1897.

Plombières.
Néris.
Bourbon-l'Archambault.
Bourbonne-les-Bains.

b) DANS UN ÉTABLISSEMENT N'APPARTENANT PAS A L'ÉTAT

D'autres établissements accordent ou la gratuité, ou des réductions aux Instituteurs et Institutrices sur le traitement thermal. — Il n'est pas possible de donner des indications précises sur les avantages consentis en faveur du personnel enseignant, car ils dépendent exclusivement des décisions prises, chaque année, par les propriétaires de ces établissements (Adresser les demandes au Directeur de la station thermale).

2° L'Instituteur fait une demande de secours pour suivre un traitement thermal

Cette demande, sur papier libre, est adressée, avant le 1er avril, au Ministre de l'Instruction publique par la voie hiérarchique. Elle doit donner les renseignements suivants :

1° Nom et prénoms ;
2° Fonctions et résidence ;
3° Age ;
4° Etat civil ;
5° Années de service ;
6° Traitement et ressources qui viennent s'y ajouter ;
7° Charges de famille ;

8° Nombre de fois que l'intéressé a obtenu un secours thermal. — Année de l'obtention. — Chiffre du secours.

Il y est joint un certificat médical, sur papier libre, indiquant la station thermale où le malade doit se rendre.

Dans une circulaire adressée aux Préfets le 1er mai 1891, le Ministre rappelle celle du 14 avril 1890, et insiste surtout pour qu'ils ne comprennent dans leurs propositions que les maîtres qui, par leur état de santé dûment constaté, par la modicité de leur traitement et les charges de famille auxquelles ils ont à pourvoir, se recommandent plus particulièrement à leur bienveillante attention. Un rang de classement est attribué à chacun des Instituteurs, d'après l'intérêt qui s'attache à sa situation.

Si des demandes individuelles lui avaient été transmises dans le cours de l'année, le Préfet pourrait les examiner à nouveau et les faire figurer dans son tableau de propositions.

Il est tenu compte de la gratuité du traitement thermal dans les demandes de secours ; le maître qui sollicite un secours n'a pas à se préoccuper de la gratuité : elle est demandée au Ministre de l'Intérieur, par le Préfet, pour chacun des instituteurs proposés (Circulaire du 14 mars 1896).

QUAND L'INSTITUTEUR PEUT-IL TOUCHER LE MONTANT DU SECOURS QUI LUI A ÉTÉ ATTRIBUÉ ?

L'indemnité lui est mandatée, à son retour, par le Préfet sur le vu d'un certificat de présence délivré par le Directeur de l'établissement thermal ou le Commissaire du Gouvernement pour les établissements de l'Etat.

L'INSTITUTEUR ORGANISE UNE DISTRIBUTION DE PRIX

CHOIX DU PRÉSIDENT

Aux termes de l'arrêté ministériel du 29 octobre 1873, la désignation des présidents de distribution de prix, dans les écoles communales, doit être faite par le préfet (Art. 3).

DISCOURS DE L'INSTITUTEUR

Aucun discours ne peut être prononcé s'il n'a reçu au préalable l'approbation du président (Même arrêté, art. 4).

Il est de règle que l'instituteur soumette d'abord l'allocution ou le discours qu'il doit prononcer à l'inspecteur d'académie, par l'intermédiaire de l'inspecteur primaire, ensuite au président désigné.

CHOIX DES OUVRAGES

Le catalogue officiel des livres pour les bibliothèques scolaires renferme une collection d'ouvrages où l'on peut faire des choix pour tous les âges.

Rappelons que, dans une circulaire en date du 16 juillet 1878, le ministre regrette la tendance qu'ont les instituteurs à multiplier outre mesure les prix dans leurs écoles croyant pouvoir donner ainsi satisfaction au vœu des familles sans compromettre les intérêts de l'enseignement.

D'un autre côté, afin d'obtenir le résultat qui vient d'être signalé, « les administrations municipales ou dé partementales favoriseraient l'acquisition de livres à vil prix, et qui, le plus souvent, n'ont aucun mérite ni moral ni littéraire ».

Il importe :

a) — Que les jeunes élèves reconnaissent la valeur d'une distinction aux efforts faits pour s'en rendre digne ;

b) — Que les parents soient habitués à préférer pour leurs enfants, à ces petits livres, tant prodigués en raison de leur bon marché, des ouvrages moins nombreux, mais véritablement utiles.

APPROBATION DE LA LISTE DES LIVRES DE PRIX

La liste des livres de prix doit être revêtue du visa de l'Inspecteur primaire (Circulaire précitée. [1])

L'instituteur adressera donc à l'inspecteur, avant toute acquisition de volumes, la liste de ceux qu'il se propose de décerner aux élèves : cette liste comprendra les noms de l'auteur et de l'éditeur, le titre, le format et le prix de chaque ouvrage.

Au cas où des dons de livres seraient faits à l'école, pour la distribution des prix, il remplirait les mêmes formalités.

PRESCRIPTIONS DU RÈGLEMENT A OBSERVER

Enfin, il ne perdra pas de vue deux prescriptions du règlement scolaire que nous avons déjà fait connaître, si la distribution doit avoir lieu à l'école :

« La garde de la classe est commise à l'instituteur : il ne permettra pas qu'on la fasse servir à aucun usage étranger à sa destination sans une autorisation spéciale du préfet. (Art. 3.)

Toute représentation théâtrale est interdite dans les écoles publiques. (Art. 15.) »

(1) L'instituteur étendra cette formalité à l'ensemble des prix.

L'INSTITUTEUR EST COMPRIS DANS UN MOUVEMENT DU PERSONNEL

A la fin de l'année scolaire, il y a lieu de pourvoir aux vacances d'emplois, tant par les mutations jugées nécessaires dans le personnel en fonctions que par de nouvelles délégations de stagiaires : les arrêtés pris à cet égard par le préfet ou l'inspecteur d'Académie reçoivent leur effet à dater du 1er septembre (Circulaire du 21 janvier 1895). — A moins de circonstances extraordinaires, le mouvement que le préfet a préparé, sur la proposition de l'inspecteur d'Académie, est effectué dans le courant du mois d'août (Circulaire du 20 décembre 1900), dans la première huitaine des vacances (Circulaire du 6 avril 1906).

Supposons que l'instituteur soit compris dans ce mouvement du personnel.

Quelles formalités aura-t-il à remplir?

Il devra d'abord transmettre à l'inspecteur d'Académie un accusé de réception de son avis de nomination.

RÉCOLEMENT DES LIVRES DE LA BIBLIOTHÈQUE SCOLAIRE, DE LA BIBLIOTHÈQUE PÉDAGOGIQUE, DES ARCHIVES SCOLAIRES, ETC.

Ensuite, il procédera, de concert avec le maire ou son délégué, au récolement du mobilier scolaire, des livres de la bibliothèque scolaire et de la bibliothèque pédagogique, des archives scolaires, et, s'il y a lieu, de son mobilier personnel et du mobilier à l'usage de chaque maître (Règlement scolaire modèle, art. 11).

Les arbres du jardin seront inventoriés comme les objets mobiliers (Circulaire du 16 février 1872).

Le procès-verbal de cette opération sera signé par les deux parties.

SITUATION DE LA CAISSE DE LA BIBLIOTHÈQUE SCOLAIRE

Il n'oubliera pas de dresser l'état de situation de la caisse de la bibliothèque scolaire : l'article 2 de l'arrêté du 1er juin 1862 prescrit, en effet, « qu'à chaque changement d'instituteur, le procès-verbal de la situation de la bibliothèque doit être signé par l'instituteur sortant et son successeur ». Il ne peut être déchargé de toute responsabilité qu'après avoir obtenu de l'inspecteur primaire un certificat constatant que les formalités sus-indiquées ont été remplies et la prise en charge de son successeur.

Dans son propre intérêt, nous lui recommanderons d'établir également l'état de situation de la bibliothèque pédagogique si celle-ci existe à l'école.

Répondons maintenant à quelques questions qui peuvent se poser à l'esprit du maître choisi comme exemple.

COMMENT SE PRESCRIT SON ACTION EN MATIÈRE DE CRÉANCE

L'action de l'instituteur se prescrit par un an :

a) — Pour les fournitures classiques qu'il vend à ses élèves ;

b) — Pour le prix de la pension de ses élèves (Code civil 2272).

Par 6 mois :

Pour les leçons qu'il donne au mois (Code civil 2271). — S'il s'est engagé pour un an envers un élève, son action se prescrit par un an (Cassation, 12 janvier 1820).

A-T-IL LE DROIT DE RÉCLAMER UNE INDEMNITÉ A SON SUCCESSEUR POUR LES PRODUITS DU JARDIN QU'IL NE PEUT RÉCOLTER ?

Dans un certain nombre de départements, l'on considère volontiers l'instituteur, quittant le poste communal, comme un usufruitier qui cesse de jouir de son usufruit : « Tout ce qui est à maturité peut être récolté par lui, mais le reste des fruits et légumes appartient de droit à son successeur sans que ce dernier soit obligé de lui payer une indemnité. »

Cette théorie, lorsqu'elle est scrupuleusement observée dans tous les postes où il y a un changement de maîtres, a le mérite de prévenir bien des contestations.

Mais de récents jugements ont démontré qu'elle ne reposait sur aucune base juridique. La situation de l'instituteur diffère, en effet, dans le cas qui nous occupe, de celle de l'usufruitier et ne peut être résolue par les mêmes articles du Code. En vérité, le maître sortant doit être dédommagé par son successeur du travail de culture auquel il s'est livré et dont celui-ci a tiré profit sous forme de produits agricoles.

L'INSTITUTEUR PEUT-IL RÉCLAMER UNE INDEMNITÉ A LA COMMUNE POUR LES AGENCEMENTS QU'IL A FAITS A LA MAISON D'ÉCOLE ET LES PLANTATIONS QU'IL A ENTREPRISES DANS LE JARDIN COMMUNAL ?

Voilà une question, assurément délicate à trancher, mais sur laquelle nous allons essayer d'apporter les éclaircissements désirables.

Pour fixer les maîtres, nous rechercherons :

a) — *Quelle est la nature du droit conféré à l'instituteur sur les biens communaux dont la jouissance lui est abandonnée.*

Et nous nous demanderons ensuite :

b) — *Si ce fonctionnaire a un recours à exercer contre la commune en raison de ses impenses.*

a) — Sur le premier point, nous estimons qu'on ne saurait voir dans la concession faite par la commune à l'instituteur un véritable droit d'usufruit analogue à celui qui a été reconnu au profit des desservants des paroisses par l'article 6 du décret du 6 novembre 1813.

La jouissance de la maison d'école ne lui confère aucun droit réel, mais seulement l'exercice d'un droit personnel *sui generis*, se rapprochant beaucoup, par son caractère et ses effets, du droit du locataire.

b) — De la solution de cette première question dépend la réponse qui doit être faite à la seconde. Toutefois, une distinction s'impose, suivant qu'il s'agit de travaux d'aménagement exécutés à la maison d'école ou de plantations faites dans le jardin communal.

Si les impenses s'appliquant à la maison d'école étaient *nécessaires*, c'est-à-dire, si elles devaient être faites par la commune en application de l'art. 12 du décret du 18 janvier 1887, sans possibilité de les ajourner ou de les éviter, l'instituteur est évidemment fondé à réclamer le remboursement dans la mesure de la plus-value procurée à l'immeuble, et cela, aussi bien si on le considère comme usufruitier que comme locataire. — C'est l'application pure et simple de cette règle de bon sens et d'équité qui veut que nul ne puisse s'enrichir au détriment d'autrui.

Les impenses sont-elles relatives à des travaux simplement utiles ou même de pur agrément, comme les plantations? C'est alors qu'apparaît la nécessité de ne pas confondre l'instituteur avec l'usufruitier.

Car tandis que l'usufruitier ne peut rien réclamer du chef des améliorations (bien faire la distinction entre ces améliorations et les dépenses nécessaires. — Code civil, art. 599), le locataire peut se baser sur les dispositions de l'art. 555 du même Code, pour demander soit l'enlèvement, soit le remboursement.

Cet article est trop important pour que nous ne le reproduisions pas en entier :

« Lorsque les plantations, constructions et ouvrages ont été faits par un tiers et avec ses matériaux, le propriétaire du fonds a droit ou de les retenir, ou d'obliger ce tiers à les enlever.

« Si le propriétaire du fonds demande la suppression des plantations et constructions, elle est aux frais de celui qui les a faites, sans aucune indemnité pour lui ; il peut même être condamné à des dommages et intérêts, s'il y a lieu, pour le préjudice que peut avoir éprouvé le propriétaire du fonds.

« Si le propriétaire préfère conserver ces plantations et constructions, il doit le remboursement de la valeur des matériaux et du prix de la main d'œuvre, sans égard à la plus ou moins grande augmentation de valeur que le fonds a pu recevoir. »

Telle est, à notre sens, la situation légale de l'instituteur, habitant de la maison d'école et cultivateur du jardin communal. Rentrant dans la question spéciale qui forme l'objet de notre étude, nous dirons que le meilleur moyen d'éviter tout conflit avec les communes serait que l'usage s'établît, entre les maîtres, de se rendre réciproquement compte des avances faites, dans la mesure du profit que chacun a pu en retirer.

EST-IL FORCÉ DE PAYER SES CONTRIBUTIONS A LA PERCEPTION OU IL EST IMPOSÉ ?

S'il a la faculté de verser ses contributions et taxes assimilées, dans une autre perception que celle où il est imposé, il ne perdra pas de vue que ce versement, qui doit comprendre la totalité ou le solde d'un ou de plusieurs articles de rôle, *ne peut être effectué après le 1er juillet de l'année de l'imposition*. (Voir d'ailleurs le chapitre de l'instituteur contribuable.)

PEUT-IL DEMANDER LA MUTATION DE COTE AU NOM DE SON SUCCESSEUR ?

Un instituteur qui est imposé à raison de l'école qu'il occupe au 1er janvier n'est pas fondé à demander la mutation de cote au nom de son successeur pour les douzièmes restant à échoir lors de son départ (Avis du Conseil d'Etat, 18 juin 1898).

L'INSTITUTEUR CHANGE DE DÉPARTEMENT

Pour changer de département, l'Instituteur doit être muni d'un exeat.

FORMALITÉS

Il adressera à cet effet, par la voie hiérarchique, une demande au Préfet (celui du département où il exerce ses fonctions), s'il est titulaire, — à l'Inspecteur d'Académie s'il est stagiaire.

LE PRÉFET ET L'INSPECTEUR D'ACADÉMIE PEUVENT-ILS REFUSER L'EXEAT ?

Le Préfet et l'Inspecteur d'Académie peuvent refuser l'exeat.

L'Inspecteur d'Académie, résidant dans le département où l'Instituteur veut exercer, doit s'assurer avant de le nommer stagiaire ou de le proposer comme titulaire au Préfet, qu'il est muni de l'exeat réglementaire. (Décret du 18 janvier 1887, art. 22).

RÉCOMPENSES HONORIFIQUES QUE PEUT OBTENIR L'INSTITUTEUR

Les récompenses honorifiques spéciales à l'instituteur sont :

1° La mention honorable;
2° La médaille de bronze;
3° La médaille d'argent.

QUELLES CONDITIONS DOIT-IL RÉUNIR POUR OBTENIR CES RÉCOMPENSES ?

Nul ne peut obtenir la mention honorable s'il ne compte au moins 5 ans de service comme titulaire.

Nul ne peut obtenir la médaille de bronze s'il n'a reçu la mention honorable depuis 2 années au moins.

Nul ne peut obtenir la médaille d'argent s'il n'a reçu la médaille de bronze depuis 2 années au moins (Arrêté du 18 janvier 1887, art. 129).

DANS QUELLES PROPORTIONS CES RÉCOMPENSES SONT-ELLES ACCORDÉES ?

Il peut être accordé, au plus, chaque année, aux instituteurs, institutrices et directrices d'écoles maternelles de chaque département :

Une mention honorable par groupe de 80 titulaires et stagiaires ;

Une médaille de bronze pour 120 titulaires et stagiaires ;

Une médaille d'argent pour 300 et une en plus pour toute fraction excédant 150.

Le nombre de médailles d'argent à accorder dans

chaque département est fixé par le ministre d'après le chiffre des extinctions et dans la limite du crédit inscrit pour cette dépense au budget de l'exercice correspondant (Arrêté du 18 janvier 1887, art. 128, modifié par arrêté du 28 janvier 1896).

Les fonctionnaires des écoles primaires supérieures ne peuvent prétendre à la médaille d'argent ni aux autres récompenses honorifiques [Lettre ministérielle au recteur de Montpellier, 1899 (1)].

Par contre, cette médaille peut être accordée :

1° Aux institutrices actuellement en fonctions dans les écoles communales facultatives ;

2° A celles qui ont été ou qui seront ultérieurement détachées par les préfets du cadre de l'enseignement primaire public pour diriger les écoles communales facultatives (Avis du Conseil d'Etat, 27 avril 1891).

Les instituteurs et institutrices détachés dans les lycées et collèges concourent avec les instituteurs et institutrices du département pour les récompenses et les distinctions honorifiques (Circulaire ministérielle, 31 janvier 1899 (Loi du 30 mars 1902, art. 46).

QUI ÉTABLIT LES PROPOSITIONS RELATIVES AUX RÉCOMPENSES HONORIFIQUES ?

Les propositions relatives aux mentions honorables et aux médailles de bronze sont établies par l'inspecteur d'Académie ; les propositions relatives à la médaille d'argent, par la commission instituée à l'art. 41 de la loi du 19 juillet 1889. Font partie de cette commission : l'inspecteur d'Académie, les inspecteurs primaires, le directeur et la directrice de l'école normale et 2 délégués du Conseil départemental élus par ce Conseil.

---

(1) En ce qui concerne leur aptitude aux palmes académiques, ils doivent être assimilés aux inspecteurs primaires, aux directeurs et professeurs d'écoles normales.

Ces dispositions ne s'appliquent pas, bien entendu, aux instituteurs délégués dans les Ecoles primaires supérieures.

Le travail des propositions se fait ordinairement en mars ou en avril.

ROLE DU CONSEIL DÉPARTEMENTAL, — DU MINISTRE

Les propositions établies par l'inspecteur d'Académie et par la commission précitée sont soumises à l'examen du Conseil départemental. Médailles et mentions honorables sont décernées par le ministre, le 14 juillet de chaque année, après avis de ce Conseil (Arrêté du 18 janvier 1887, art. 127, modifié par arrêté du 18 janvier 1893).

AVANTAGES QUE CONFÈRE LA MÉDAILLE D'ARGENT

Les instituteurs et institutrices des écoles primaires élémentaires et maternelles qui ont obtenu la médaille d'argent reçoivent une allocation annuelle et viagère, non soumise à retenue, de 100 fr. (Loi du 19 juillet 1889, art. 45).

Cette allocation est payée par trimestre (Circulaire du 14 avril 1890). Ne constituant pas un supplément de traitement, elle ne peut toutefois entrer en compte dans la liquidation de la pension de retraite (Avis du Conseil d'État, 31 juillet 1896).

Il est institué un signe distinctif de la médaille d'argent, qui consiste en un ruban de couleur violette avec liserés jaunes, porté sur le côté gauche de la poitrine (Arrêté du 18 janvier 1887, art. 127, modifié par arrêté du 18 janvier 1893).

CAS OU L'ALLOCATION AFFÉRENTE A LA MÉDAILLE D'ARGENT PEUT DISPARAITRE

L'allocation devient caduque en cas de révocation ou de démission, à moins que la démission ne soit fondée sur des raisons de santé reconnues valables par le Conseil départemental (Loi du 19 juillet 1889, art. 45).

DISTINCTION HONORIFIQUES AUXQUELLES PEUT PRÉTENDRE L'INSTITUTEUR

Ce sont : 1° les palmes d'Officier d'Académie; 2° les palmes d'Officier de l'Instruction publique

Les palmes d'Officier d'Académie sont attribuées aux instituteurs qui possèdent depuis 2 ans au moins la médaille d'argent; les palmes d'Officier de l'Instruction publique ne peuvent leur être accordées que s'ils possèdent depuis 5 ans au moins les palmes d'Officier d'Académie. (Décrets du 27 décembre 1866, art. 7, et du 24 décembre 1885, art. 10) (1).

QUI ÉTABLIT LES PROPOSITIONS DE DISTINCTIONS HONORIFIQUES EN CE QUI CONCERNE LES INSTITUTEURS?

Les distinctions honorifiques attribuées aux instituteurs et institutrices publics, titulaires ou adjoints, sont conférées, après avis du recteur, sur la *proposition du Préfet* (Décret du 24 décembre 1885, art. 4). — Celui-ci doit, *le 15 mai au plus tard*, adresser au ministre un état collectif des maîtres qu'il juge dignes d'être proposés (Circulaire du 21 avril 1886).

NOMBRE DE DISTINCTIONS A ACCORDER CHAQUE ANNÉE AUX FONCTIONNAIRES DE L'INSTRUCTION PUBLIQUE

Le chiffre maximum est de 800 Officiers d'Académie

(1) Il peut être accordé, à l'occasion des cérémonies publiques, aux instituteurs et institutrices qui se sont fait remarquer par des publications pédagogiques ou par une participation active et continue, en dehors de leurs fonctions, à une œuvre scolaire ou de bienfaisance, des palmes d'officier, académie, sous la condition d'être au moins en possession de la mention honorable ou de la médaille de bronze des cours d'adultes (Décret du 8 octobre 1903).

et de 300 Officiers de l'Instruction publique (Décret précité, art. 2 modifié par décret du 4 août 1898).

Le comité consultatif des distinctions universitaires, institué au Ministère, fixe le contingent des distinctions à attribuer à chacune des catégories de personnes énumérées au décret du 24 décembre 1885 (Arrêté du 16 janvier 1892, art. 3).

En sus du contingent annuel déterminé par le décret du 4 août 1898, il est accordé annuellement aux instituteurs et institutrices publics qui ont participé avec le plus de zèle et de succès aux cours d'adultes et aux œuvres complémentaires de l'école :

80 palmes d'Officier d'Académie ;

30 palmes d'Officier de l'Instruction publique (1).

(Décret du 27 décembre 1900, art. 1).

ÉPOQUE DES NOMINATIONS D'OFFICIERS D'ACADÉMIE, DE L'INSTRUCTION PUBLIQUE

Les nominations d'Officiers d'Académie et d'Officiers de l'Instruction publique ont lieu au 14 juillet pour les fonctionnaires de l'enseignement public. En dehors de cette date, aucune distinction ne peut être conférée, sauf dans les cérémonies officielles présidées par le président de la République, l'un des présidents des deux Chambres, un ministre ou un sous-secrétaire d'Etat en personne (Décret du 24 décembre 1885, art. 11 modifié par décret du 4 août 1898).

L'HONORARIAT

Rapprochons des distinctions honorifiques l'honorariat

---

(1) 10 palmes d'Officier d'Académie sont aussi accordées, chaque année, aux instituteurs publics qui ont participé avec le plus de zèle et de succès à l'œuvre du Comité des travaux historiques et scientifiques : ils doivent être pourvus de la médaille de bronze des instituteurs (Décret du 6 février 1903, art. 1 et 3).

créé par la loi du 30 octobre 1886 (art. 34) en faveur des instituteurs ou institutrices en retraite.

Pour obtenir le titre d'honoraire, les instituteurs, institutrices et directrices d'écoles maternelles doivent remplir les conditions suivantes : justifier de 25 ans de service; être pourvus au moins de la médaille de bronze (Arrêté du 18 janvier 1887, art. 130).

L'honorariat leur est conféré par le ministre sur la proposition conforme du préfet et de l'inspecteur d'Académie (Décret du 18 janvier 1887, art. 26).

Les instituteurs honoraires sont admis à prendre part avec voix délibérative aux conférences pédagogiques dans le canton où ils résident (Arrêté précité, art. 132).

PEINES DISCIPLINAIRES QUI PEUVENT FRAPPER L'INSTITUTEUR

Les peines disciplinaires applicables à l'Instituteur public sont : 1° la réprimande ; 2° la censure ; 3° la révocation ; 4° l'interdiction pour un temps dont la durée ne peut excéder 5 ans ; 5° l'interdiction absolue (Loi du 30 octobre 1886, art. 30).

PAR QUI CES PEINES SONT-ELLES PRONONCÉES ?

La réprimande est prononcée par l'Inspecteur d'Académie ; elle n'est pas rendue publique.

La censure est prononcée par l'Inspecteur d'Académie, après avis motivé du Conseil départemental ; elle peut être insérée au Bulletin des actes administratifs. — Notons que l'Inspecteur d'Académie n'est pas lié par l'avis du Conseil départemental : toute latitude lui est laissée dans l'application de la peine par l'art. 5 du décret du 4 décembre 1886.

La révocation est prononcée par le Préfet, sur la proposition de l'Inspecteur d'Académie, après avis motivé du Conseil départemental. Ainsi que l'Inspecteur d'Académie, dans le cas de la censure, le Préfet n'est pas tenu, pour la révocation, de suivre l'avis motivé, émis par le Conseil départemental.

L'interdiction à temps et l'interdiction absolue sont prononcées par le Conseil départemental (Loi précitée, art. 31 et 32).

CAS OU IL Y A CONFLIT ENTRE L'INSPECTEUR D'ACADÉMIE ET LE PRÉFET

Supposons que le Préfet et l'Inspecteur d'Académie ne soient pas d'accord sur le point de savoir si l'Instituteur doit être traduit devant le Conseil départemental : c'est au Ministre qu'il appartient alors de statuer.

PROCÉDURE A SUIVRE DANS L'INSTRUCTION ET LE JUGEMENT DES AFFAIRES DISCIPLINAIRES

Règles générales

1° Transmission au Préfet, par l'Inspecteur d'Académie, des pièces de l'affaire, d'un mémoire contenant les faits incriminés et indiquant la peine demandée. — L'Inspecteur d'Académie ne doit pas se borner à adresser au Préfet, en l'approuvant, le rapport de l'Inspecteur primaire (Conseil supérieur, 29 décembre 1890). — L'absence d'un rapport écrit constitue l'omission d'une formalité essentielle de procédure (Conseil supérieur, 16 janvier 1897);

2° Désignation d'un rapporteur par le Préfet;

3° Instruction de l'affaire par le rapporteur;

4° Notification au Préfet, par le rapporteur, de la clôture de l'instruction ;

5° Inscription de l'affaire au rôle, et fixation de la séance du Conseil par le Préfet ;

6° Exposition des faits, résumé des moyens de défense, lecture d'un projet de décision par le rapporteur le jour de la séance (Décret du 4 décembre 1886, art. 1, 3 et 4).

RÈGLES PARTICULIÈRES A CHACUNE DES PEINES

Censure

Le Conseil départemental décide s'il y a lieu de condamner ou de renvoyer l'inculpé. — Expédition de cet avis est adressé à l'Inspecteur d'Académie qui statue définitivement (Décret précité, art. 5).

Révocation

Le Préfet notifie à l'inculpé, 5 jours au moins à l'avance, le jour et l'heure de la séance, en l'avertissant qu'il a le droit de comparaître en personne et de prendre, au secrétariat du Conseil départemental, communication des pièces de l'instruction (Même décret, art. 6).

S'il prononce la révocation, il notifie son arrêté à l'inculpé : la notification fait connaître à ce dernier qu'il peut se faire délivrer copie de l'avis motivé du Conseil et qu'il a le droit de faire appel devant le Ministre, par une simple lettre enregistrée au secrétariat du Conseil, dans le délai de 20 jours, à partir de la notification (Même décret. art. 7).

L'Instituteur public révoqué peut exercer dans l'enseignement privé.

Interdiction

L'inculpé est cité par le Préfet, 8 jours au moins avant la séance, à comparaître en personne.

La citation lui fait connaître qu'il a le droit de se faire assister par un défenseur et de prendre au secrétariat communication du dossier (art. 9).

S'il ne comparaît pas sans cause d'excuse reconnue légitime, le Conseil, après avoir entendu le rapport, peut passer outre au jugement de l'affaire. La décision ne peut être attaquée que par la voie de l'appel (art. 10).

Si l'inculpé est présent, il est, après l'audition du rapport, interrogé par le Président. Le Conseil entend les témoins, s'il y a lieu. Le défenseur est ensuite admis à présenter les moyens de défense (art. 11).

Le recours se fait dans les mêmes formes que lorsqu'il s'agit de la révocation (art. 12).

L'interdiction prive l'instituteur public de ses fonctions ; elle lui enlève même le droit d'exercer dans l'enseignement privé (1).

JURISPRUDENCE RELATIVE AUX AFFAIRES DISCIPLINAIRES

Le Conseil départemental ne peut appliquer d'autres peines que celles qui sont inscrites dans la loi. C'est ainsi que l'interdiction ne peut être limitée à une commune, à un arrondissement, à un département (Conseil supérieur, 25 juillet 1885).

Le jugement rendu au criminel ne retire pas au Conseil départemental le droit d'apprécier les faits au point de vue de l'application d'une peine disciplinaire *si l'inculpé a été relaxé des fins de la plainte ou acquitté.* En cas de condamnation pénale, entraînant l'incapacité, le Conseil ne peut prononcer la peine de l'interdiction,

---

(1) L'Instituteur interdit va pouvoir être réhabilité.

cette peine étant devenue inutile [1] (Conseil supérieur, 19 juillet 1892).

L'affaire jugée dans une première instance par le Conseil départemental peut être reprise quand un fait nouveau est révélé (Conseil supérieur, 23 juillet 1889).

Le droit de récusation n'est pas applicable aux membres du Conseil départemental (Conseil supérieur, 14 janvier 1899).

L'Inspecteur d'Académie ne peut faire appel *a minima* d'une peine prononcée par le Conseil départemental (Chambre des députés, 15 mars 1884).

LA SUSPENSION

Dans les cas graves et urgents, l'Inspecteur d'Académie a le droit de prononcer la suspension provisoire d'un instituteur, pendant la durée de l'enquête disciplinaire, à la condition de saisir de l'affaire le Conseil départemental dès sa prochaine session.

Cette suspension n'entraîne pas la privation de traitement (Loi du 30 octobre 1886, art. 33).

L'instituteur suspendu ne peut former un recours pour excès de pouvoir devant le Conseil d'Etat contre la décision qui le frappe (Conseil d'Etat, 16 janvier 1880).

CAS PARTICULIERS PEINES DISCIPLINAIRES APPLICABLES

1° *Aux instituteurs stagiaires* : Elles sont les mêmes que celles que nous venons d'énumérer, sauf la révoca-

---

(1) La loi du 26 mars 1891 peut surseoir à l'exécution de la peine pendant 5 ans. En admettant que l'instituteur bénéficie des dispositions de cette loi, il n'en resterait pas moins, — à notre avis, — frappé d'incapacité pendant 5 ans.

tion. Cette peine est remplacée par le retrait de la délégation pour les instituteurs dont il s'agit. Le retrait est effectué par l'Inspecteur d'Académie sur l'avis motivé de l'Inspecteur primaire (Loi précitée, art. 26) (1).

2° *Aux instituteurs suppléants auxiliaires* : Voir ce que nous venons de dire pour l'instituteur stagiaire (Conseil supérieur, 21 juillet 1898).

L'INSTITUTEUR DÉPLACÉ D'OFFICE

Le déplacement d'office, par mesure de disgrâce, peut être prononcé pour les motifs suivants :

a) — Pour insuffisance professionnelle ;
b) — Pour manquements de conduite graves;
c) — Parce que le maintien de l'instituteur, dans une commune, risquerait de compromettre, au regard des familles, les intérêts de l'école laïque.

Le Préfet doit : 1° prévenir l'Instituteur qu'il sera déplacé ; 2° lui faire connaître les motifs de son déplacement ; 3° lui laisser cinq jours pour présenter sa justification ; 4° l'informer qu'il pourra prendre connaissance de son dossier soit à l'Inspection académique, soit chez l'Inspecteur primaire; 5° demander à l'intéressé un récépissé de cette consultation.

Il ne doit tenir aucun compte des lettres anonymes.

L'instituteur déplacé, qui se croit lésé par la mesure prise contre lui, peut adresser un recours au Ministère. Il a le droit de se faire défendre par une Amicale (Circulaire du 6 avril 1906).

Il peut y avoir déplacement d'office lorsqu'il est nommé dans une commune plus importante (Conseil d'Etat).

---

(1) Le retrait de la délégation n'a pas toujours un caractère disciplinaire. En présence d'une incapacité absolue, d'une inaptitude complète à exercer les fonctions d'enseignement, l'Inspecteur d'Académie retire au stagiaire sa délégation qui peut lui être rendue plus tard, lorsqu'il a progressé.

LES ATTAQUES CONTRE L'INSTITUTEUR

L'Instituteur outragé ou injurié dans l'exercice de ses fonctions

L'instituteur est un citoyen chargé d'un ministère public Cour de Nancy, 21 janvier 1879 ; — de Bordeaux, 25 août 1880 ; — de Caen, 10 mars 1886 ; — Cassation, 25 juillet 1881).

Par conséquent, les injures ou les outrages qui lui sont adressés sont punis par l'art. 224 du Code pénal : « L'outrage fait par paroles, gestes ou menaces à... tout citoyen chargé d'un ministère de service public, dans l'exercice ou à l'occasion de l'exercice de ses fonctions, sera puni d'un emprisonnement de 6 jours à un mois et d'une amende de 16 à 200 francs, ou de l'une de ces deux peines seulement. »

L'art. 463 est applicable. — C'est le tribunal correctionnel qui est compétent.

L'Instituteur, objet de vexations et de tracasseries de la part des populations.

Il a le droit, dans ce cas, de demander une protection au maire, et celui-ci a le devoir de la lui donner, puisqu'il est officier de police judiciaire et magistrat chargé de la police municipale (Circulaire du 25 mars 1903).

L'Instituteur victime d'une dénonciation calomnieuse

Avant de poursuivre la personne qui l'a dénoncé à tort, il doit demander le résultat de l'enquête faite par ses supérieurs hiérarchiques à l'occasion de la plainte dont il a été l'objet, car les juges saisis d'une plainte en dénonciation calomnieuse sont obligés de surseoir à statuer jusqu'à ce qu'il soit intervenu une décision de l'autorité compétente sur l'existence et le caractère des faits dénoncés (Cassation, 17 avril 1846, 28 novembre 1851).

L'Instituteur attaqué dans la presse

L'instituteur est chargé d'un service public ; il peut donc être critiqué par la presse qui est l'organe de l'opinion publique ; mais cette critique, pour être permise, doit s'appuyer sur des faits qu'il est toujours possible de vérifier. En cas de diffamation, le fonctionnaire diffamé peut poursuivre ses diffamateurs devant les tribunaux, en les mettant en demeure de prouver leurs allégations sous réserve de la preuve contraire. C'est la loi du 29 juillet 1881 qui prévoit les pénalités. L'affaire doit être portée devant la Cour d'assises.

L'Instituteur attaqué au sein d'un Conseil municipal.

Lorsqu'un conseiller municipal commet, dans l'exercice de ses fonctions, un crime ou un délit, il est justiciable des tribunaux ordinaires ; s'il se rend coupable du délit de diffamation ou d'injure, il s'expose à l'action publique et à l'action correctionnelle privée, sans préjudice de l'action civile en dommages-intérêts.

Un Conseil municipal n'est pas en droit d'envoyer une injonction à l'Administration pour une enquête à faire au sujet de griefs articulés contre l'instituteur ; il peut émettre un vœu sur cette question (Conseil d'Etat, 3 février 1888).

Il ne lui est pas permis de juger un maître au point de vue professionnel, de le blâmer dans une délibération, d'émettre un vote ferme pour son déplacement, mais il ne sort pas de ses attributions en blâmant un instituteur pour son service de secrétaire de mairie (Conseil d'Etat, 29 avril 1904).

En vertu des articles 63 et 65 de la loi du 5 avril 1884, le Préfet peut annuler toute délibération d'un Conseil municipal portant sur un objet étranger à ses attributions.

Le décret du 14 décembre 1789 donne à l'instituteur le droit de se plaindre au Préfet. Il ne peut s'adresser directement au Conseil d'Etat, ni au Conseil de Préfecture.

Le Préfet peut, dans le cas de plainte, censurer la délibération reconnue diffamatoire et inviter le Maire à donner communication de sa lettre de blâme au Conseil municipal réuni à cet effet, à dresser procès-verbal de la séance et à y insérer la lettre en entier, enfin à faire mention de ce procès-verbal en marge de la délibération censurée. Sur le refus du Maire de se conformer aux injonctions du Préfet, celui-ci peut désigner un délégué spécial (Conseil d'Etat, 29 juin 1850).

L'INSTITUTEUR DEVANT LE CONSEIL D'ÉTAT

Dans les affaires contentieuses qui ne peuvent être introduites devant le Conseil d'Etat que sous forme de recours contre une décision administrative, lorsqu'un délai de plus de quatre mois s'est écoulé sans qu'il soit intervenu aucune décision, les parties intéressées peuvent considérer leur demande comme rejetée et se pourvoir devant le Conseil d'Etat. Si des pièces sont produites après le dépôt de la demande, le délai ne court qu'à dater de la réception des pièces (Loi du 19 juillet 1900, art. 3).

Après ces quatre mois ou après une décision administrative, le délai du recours au Conseil d'Etat est de deux mois (Loi du 13 avril 1900, art. 24).

Les ministres doivent délivrer, aux parties, récépissés des réclamations contentieuses par elles formées, pour leur permettre de justifier du dépôt de ces réclamations et se pourvoir au Conseil d'Etat (Conseil d'Etat, 7 avril 1905).

Montant des frais d'instance au Conseil d'Etat = de 120 à 150 francs, plus les frais de l'adversaire, si le demandeur succombe : 100 francs environ. Ces derniers frais disparaissent quand le défendeur est un ministre (1).

L'INSTITUTEUR ET SES RAPPORTS AVEC LE CURÉ

Depuis la séparation des Eglises et de l'Etat, le curé n'a plus d'existence officielle ; c'est un simple citoyen auquel sa qualité

(1) Dans le cas d'un recours pour excès de pouvoir, les frais sont insignifiants ; si le fonctionnaire succombe, il lui est réclamé, en outre, 78 fr. 15 de droits d'enregistrement Le Ministère d'avocat est facultatif dans les recours pour excès de pouvoir, obligatoire dans les recours de plein contentieux ; dans ce dernier cas, les frais sont de 400 à 600 francs, tout compris

de ministre d'un culte ne confère aucun privilège. « L'Etat l'ignore », a dit M. Briand.

Il ne peut donner l'enseignement religieux qu'en dehors des heures de classe.

Au cas où il enfreindrait cette disposition de la loi du 9 décembre 1905, art. 30, il lui serait fait application de l'art. 14 de la loi du 28 mars 1882 : « La Commission scolaire, ou, à son défaut, l'Inspecteur primaire devra adresser une plainte au Juge de paix. L'infraction sera considérée comme une contravention et pourra entraîner une condamnation aux peines de simple police, conformément aux articles 479, 480 et suivants du Code pénal. L'art. 463 est applicable ».

L'article 14 précité doit être appliqué dès la première infraction (Cassation, 6 juin 1908).

Le ministre d'un culte qui, dans un lieu où s'exerce le culte, publiquement, outrage ou diffame un instituteur par un discours, une lecture ou une affiche apposée, est puni d'une amende de 500 à 3000 frs, et d'un emprisonnement d'un mois à un an (ou de l'une de ces deux peines seulement).

L'art. 463 du Code pénal est applicable (Loi du 9 décembre 1905, art. 34). C'est le tribunal correctionnel qui est compétent.

LES RAPPORTS DE L'INSTITUTEUR AVEC L'AUTORITÉ MILITAIRE

Certificat d'exercice

Il doit être produit annuellement, du 15 septembre au 15 octobre, au commandement du bureau de recrutement de la subdivision à laquelle appartient l'intéressé, c'est-à-dire celle du canton où a eu lieu le tirage au sort. — (Décrets du 23 nov. 1889, art. 36 et 26 février 1902, art. 10).

Le dispensé qui n'a pas produit le certificat d'exercice (mod. E) au 15 octobre se trouve dans l'obligation de régulariser sa position avant le 1er novembre, faute de quoi il serait mis en route avec la classe appelée au cours dudit mois et tenu de compléter, conformément aux dispositions du dernier alinéa de l'art. 24 de la loi du 16 juillet 1889, les 2 années de service dont il a été dispensé (Circulaire du 28 septembre 1891).

Périodes d'instruction.

Elles sont de 23, — 17, — 9 jours.

Ajournements. — Les réservistes et territoriaux convoqués à une manœuvre, à une période d'exercices ou à un exercice spécial, ne peuvent obtenir aucun ajournement, sauf en cas de force majeure dûment justifié : les bénéficiaires d'ajournement seront rappelés pour une période similaire soit l'année suivante, soit deux ans après. En aucun cas, l'ajournement ne peut être accordé deux fois de suite pour la même période d'instruction.

Visa du livret individuel

Tout homme inscrit sur le registre matricule est tenu :

1° S'il se déplace, pour changer de domicile ou de résidence, de faire viser, dans le délai d'un mois, son livret individuel par la gendarmerie dont relève la localité où il transporte son domicile ou sa résidence... (Loi du 31 mars 1905, art. 45).

Congés

Se reporter au chapitre : Absences et congés de l'Instituteur. Conséquences que peut entraîner un congé.

Les congés pour cause de maladie peuvent entrer dans la réalisation de l'engagement décennal; ils ne sont valables que pour une année. C'est le Général commandant la subdivision dans laquelle réside le dispensé qui désigne le médecin militaire : son choix doit toujours porter sur un médecin du grade du major de 2e classe au moins. L'autre médecin est choisi par le Préfet du département. Les frais de visite, s'il y en a, sont à la charge du réclamant. En cas de divergence d'appréciation, le congé est refusé. Le médecin militaire, d'ailleurs, peut provoquer, le cas échéant, la comparution devant la commission spéciale de réforme (Lettre ministérielle du 19 juin 1891. Circulaire du 28 septembre 1891).

L'INSTITUTEUR EN TANT QUE CONTRIBUABLE

Nous extrayons des lois qui nous régissent en matière d'impôt les dispositions suivantes qui peuvent intéresser les instituteurs :

Contribution foncière

La maison d'école. — La maison d'école jouit de l'exemption permanente, en raison de son triple caractère :

a) — D'être une propriété publique ;

b) — D'avoir une destination d'utilité générale ;

c) — Et d'être improductive de revenus (Loi du 3 frimaire an VII, art. 103 et 105. — Décret du 11 août 1808).

Le jardin. — La contribution foncière due par le jardin appartenant à la commune est supportée et acquittée par elle (loi précitée), même lorsque le jardin sert à l'enseignement agricole et horticole.

Contribution personnelle-mobilière

a) *Taxe personnelle.* — La taxe personnelle doit être

payée par l'instituteur dans la commune de son domicile réel (Conseil d'Etat, 16 décembre 1887).

b) *Taxe mobilière.* — L'instituteur, logé gratuitement dans des bâtiments appartenant à la commune, est imposable d'après la valeur locative des parties de ces bâtiments affectées à son habitation personnelle (Loi du 21 avril 1832, art. 15). Toutefois, il convient de déduire de la valeur locative celle des bureaux, cabinets et pièces d'attente qui servent à l'exercice de ses fonctions (Jurisprudence).

Si, par suite d'un changement de domicile, il se trouve imposé dans deux communes, quoique n'ayant qu'une seule habitation, il ne doit la contribution que dans la commune de sa nouvelle résidence (même loi, art. 13), pourvu qu'il justifie être imposé dans cette dernière (Arrêt du Conseil d'Etat).

Contribution des portes et fenêtres

Les portes et fenêtres des établissements d'instruction publique ne sont pas imposables pour les locaux consacrés au logement ou à l'instruction des élèves et à l'habitation des gens de service; mais les ouvertures de la partie afférente au logement des maîtres doivent être recensées (Arrêts des 29 août 1865 et 8 avril 1867).

L'instituteur acquittera donc la contribution des portes et fenêtres pour la partie de l'habitation qui sert à sa jouissance personnelle.

En cas d'imposition dans deux communes par suite d'un changement de domicile, voir plus loin.

Patente

Ne sont pas assujettis à la patente les professeurs, les instituteurs primaires (Loi du 15 juillet 1880, art. 17).

L'instituteur qui gère un pensionnat construit et aménagé par la commune, et annexé par elle à l'école publique, doit bénéficier de l'exemption prévue par l'art. 17, § 1, de la loi du 15 juillet 1880, en faveur des fonctionnaires salariés soit par l'Etat, soit par l'administration départementale et communale (Conseil d'Etat, 23 février 1900).

Prestations

Un chef de famille ne doit pas être imposé pour son fils absent et qui ne vient passer chez lui que le temps des vacances (Jurisprudence). Il ne peut être appelé à fournir une prestation que pour sa personne, les individus mâles : serviteurs ; membres de sa famille : fils, neveux, frères, etc., âgés de 18 ans au moins et de 60 ans au plus, vivant avec lui ou dans un établissement lui appartenant (Jurisprudence).

Si l'instituteur a quitté, avant le commencement de l'année, la commune où il était imposé, il doit être dégrevé de la prestation dans cette commune, bien qu'il ne justifie pas de son imposition dans sa nouvelle commune (Arrêt du 13 août 1851).

La taxe vicinale

La *taxe vicinale,* consistant en centimes additionnels aux contributions directes, suit le sort des contributions sur lesquelles elle est assise. Elle ne peut donner lieu à aucune réclamation spéciale.

Changement de résidence de l'Instituteur

D'après la jurisprudence du Conseil d'Etat, les instituteurs et institutrices qui ont changé de résidence après le travail des mutations, du 1er mai au 1er septembre, n'ont pas droit à la décharge de leur cote *personnelle mobilière* dans leur ancienne résidence (à moins qu'ils ne soient imposés aussi dans la nouvelle). Il est inutile qu'ils formulent aucune réclamation ; ils doivent payer la taxe dont il s'agit.

La contribution des *portes et fenêtres* est due, en principe, par l'instituteur ou l'institutrice qui occupe le logement au 1er janvier. Mais celui qui est encore imposé à la contribution des portes et fenêtres dans son ancienne résidence n'a pas droit au dégrèvement pur et simple de la cotisation. Il peut seulement demander, par une pétition adressée à M. le Préfet, que la contribution des portes et fenêtres dans son ancienne résidence soit mise à la charge de son successeur.

Paiement des contributions

En vertu d'un arrêté du ministre des Finances en date du 20 octobre 1900, l'instituteur a la faculté de verser ses contributions directes et taxes assimilées, non seulement à la perception où il est imposé, mais encore dans n'importe quelle perception située dans une autre localité [1]. S'il fait son versement en dehors de la perception d'imposition, il présentera l'avertissement ou toute autre pièce officielle indiquant les contributions à payer. En cas de déménagement hors du ressort de la perception, la contribution personnelle-mobilière, celle des portes et fenêtres et les prestations sont exigibles pour la totalité de l'année courante.

RÉCLAMATIONS

Le contribuable qui se croit imposé à tort ou surtaxé, peut en faire la déclaration à la mairie du lieu de l'imposition, dans le mois qui suit la publication du rôle. Si sa déclaration n'est pas prise en considération, il a la faculté d'adresser une demande en décharge ou en réduction au sous-préfet de l'arrondissement (ou au préfet pour l'arrondissement chef-lieu).

Cette demande doit être rédigée sur timbre à 0 fr. 60 lorsqu'elle porte sur une somme égale ou supérieure à 30 fr.; le timbre n'est pas exigible lorsque la cote dont

(1) Le versement doit comprendre la totalité ou le solde d'un ou de plusieurs articles de rôle; il ne peut être effectué passé le 1er juillet de l'année de l'imposition.

on demande la décharge ne s'élève pas à 30 fr., bien que la cotisation totale, pour la même nature de contributions, soit supérieure à cette somme. Les droits de timbre des demandes reconnues fondées sont remboursés au réclamant.

Les réclamations relatives aux prestations ne sont pas assujetties au timbre (Instruction du 27 juillet 1836).

Toute demande en décharge ou en réduction doit être présentée dans les trois mois de la publication des rôles (dans les trois premiers mois de l'année pour les prestations, si le rôle a été publié antérieurement au 1er janvier) et être accompagnée de la feuille d'avertissement ou d'un extrait du rôle fourni par le percepteur, visé par le maire, ainsi que de la quittance des termes échus. Le percepteur a droit à une rétribution de 0 fr. 25 pour la délivrance de chaque extrait.

L'INSTITUTEUR DANS DEUX CIRCONSTANCES ESSENTIELLES DE LA VIE

1° LORS DE L'ÉTABLISSEMENT DE SON CONTRAT DE MARIAGE

Droit d'enregistrement (1) : Droit proportionnel de 0 fr. 20 p. 100 d'après le montant net des apports. — Minimum de 5 fr. pour le contrat de mariage qui ne constate aucun apport. — Donation par contrat; en ligne directe : 2 p. 100; entre époux : 3,50 p. 100; entre frères et sœurs : 7 p. 100. — Le contrat basé sur les apports est le moins coûteux.

Tarif du notaire : Sur les apports cumulés des

(1) 2 décimes 1/2 par franc sont dus en sus de tous droits et produits dont le recouvrement est confié à l'administration de l'enregistrement.

époux (déduction faite des charges) : 0 fr. 25 à 1 p. 100, selon les ressorts de Cours d'appel. — Sur les dots : 0 fr. 50 à 1 p. 100, selon les ressorts de Cours d'appel (Tarifs promulgués les 1-5 septembre 1898).

2° LORS DE LA RÉDACTION DE SON TESTAMENT

(Le testament se fait sur papier timbré.)

Droit d'enregistrement : Droit fixe de 7 fr. 50.

Tarif du notaire si celui-ci intervient : Il y a un droit fixe pour la rédaction de l'acte et un droit proportionnel dû au décès du testateur sur les dispositions contenues dans le testament : l'honoraire est calculé d'après l'actif net que reçoit le bénéficiaire (Décret du 25 août 1898, art. 17).

Donation entre époux pendant le mariage · Elle est passible d'un droit fixe d'enregistrement de 7 fr. 50. — Tarif du notaire : variable selon les ressorts de Cours d'appel.

Observation importante. — Les notaires doivent tenir, dans leur étude, à la disposition de toute personne qui en fera la demande, un exemplaire du tarif fixant leurs honoraires (Même décret, art. 24).

L'INSTITUTEUR ÉPARGNANT

L'instituteur épargnant possède un livret de caisse d'épargne, mais il arrive un moment où le montant de ses économies s'étant accru, un placement financier devient nécessaire. Voici, à titre d'indication, et d'après les financiers les plus compétents, l'ordre dans lequel les valeurs doivent prendre place dans un portefeuille :

1° Fonds d'Etat;

2° Valeurs des villes et des départements;

3° Chemins de fer;

4° Placements hypothécaires;

5° Etablissements de crédit. — Valeurs industrielles et commerciales.

Quelques obligations à lots viennent s'ajouter à la liste précédente.

Le principe qui doit présider à la composition de tout portefeuille est celui de la division des risques. Nous passerons très rapidement sur ce chapitre pour consacrer quelques lignes à l'*Instituteur héritier*.

L'INSTITUTEUR HÉRITIER

Si le maître a surtout recherché, dans le choix d'une compagne, cette sagesse de mœurs qui assure le repos de la vie et cette aménité de caractère qui en fait le charme, il n'a pas perdu de vue, non plus, les avantages matériels qui pouvaient rendre son existence plus heureuse; une dot et des espérances lui ont été apportées par le mariage.

Il n'est donc pas superflu que nous indiquions, ci-après, les nouveaux droits de succession fixés par la loi du 25 février 1901 :

ÉCHELLE DES DROITS

INDICATION DES DEGRÉS DE PARENTÉ	Taux applicables à la fraction de part nette comprise entre				
	1 fr. et 2.000 fr.	2001 fr. et 10.000 fr.	10.001 fr. et 50.000 fr.	50 001 fr. et 100.000 fr.	100.001 fr. et 250.000 fr.
	°/o	°/o	°/o	°/o	°/o
1. — Ligne directe	1 fr.	1 fr. 25	1 fr. 50	1 fr. 75	2 fr.
2. — Entre époux.	3,75	4, »	4,50	5, »	5,50
3. — Entre frères et sœurs	8,50	9, »	9,50	10, »	10,50
4. Entre oncles ou tantes ; . . . . id. neveux ou nièces.	10, »	10,50	11, »	11,50	12, »
5. Entre grands-oncles ou grand'tantes ;. . . . . id. petits neveux ou petites-nièces ; . . . . id. cousins-germains.	12, »	12,50	13, »	13,50	14, »
6. — Entre parents aux 5e et 6e degrés.	14, »	14,50	15, »	15,50	16, »
7. — Entre parents au delà du 6e degré et entre personnes non parentes.	15, »	15,50	16, »	16,50	17. »

Des explications sont nécessaires pour la complète intelligence de ce tableau.

DÉDUCTION DU PASSIF

La loi susvisée a admis la déduction du passif, de sorte que l'impôt n'est plus calculé que sur la valeur nette recueillie par l'héritier. Mais pour que cette déduction soit autorisée, il faut que les dettes, qui étaient à la charge du défunt, soient établies par des titres susceptibles de faire foi en justice. On ne saurait tenir compte de celles qui sont simplement reconnues par testament.

NUE-PROPRIÉTÉ. — USUFRUIT

Si pour la propriété — mobilière ou immobilière — il y a un nu-propriétaire et un usufruitier, l'un et l'autre ne paient l'impôt que sur la valeur réelle recueillie, déduction faite du passif. — Cette valeur, fixée en dixièmes, varie avec l'âge de l'usufruitier : plus celui-ci est âgé, plus grande est, en effet, la valeur de la nue-propriété. En admettant que l'usufruitier soit âgé de plus de 70 ans, par exemple, l'usufruit sera frappé d'un droit basé sur 1/10 de la valeur totale, la nue-propriété d'un droit basé sur 9/10 de cette valeur.

PAIEMENT DES DROITS

Depuis l'application de la loi du 25 février 1901, les droits sont payés, en totalité, au bureau de l'enregistrement dont dépend la commune du domicile du défunt. L'héritier est seulement tenu de faire, pour chacun des bureaux de la situation des immeubles, une déclaration distincte se référant à la déclaration principale, laquelle déclaration est transmise, par la voie administrative, aux agents compétents chargés de la vérification, de la répression de la fraude et des insuffisances.

L'INSTITUTEUR PRÉVOYANT

Nous lui recommanderons l'institution de « la Caisse nationale de retraites » grâce à laquelle il peut mettre ses enfants à l'abri du besoin pour la fin de leur carrière.

La Caisse nationale de retraites pour la vieillesse est gérée par la Caisse des dépôts et consignations, sous la garantie de l'État et le contrôle d'une Commission supérieure formée auprès du Ministère du Commerce.

Elle ne cherche aucun bénéfice. Les rentes qu'elle délivre représentent ainsi intégralement ce que les fonds déposés ont produit par l'accumulation des intérêts combinés avec les chances de mortalité.

Elle est obligée de faire emploi de tous ses fonds en rentes ou valeurs de l'État français, en obligations de chemins de fer ou en obligations départementales et communales. Son portefeuille, toujours facilement réalisable, renferme donc un capital équivalant au montant de ses engagements.

Les rentes viagères jouissent de la même sécurité que les rentes sur l'État; elles sont incessibles et insaisissables jusqu'à concurrence de 360 francs.

EXEMPLES DE VERSEMENTS

1°. — Un père de famille effectue un seul versement de 100 francs sur la tête de son enfant âgé de 3 ans; la rente acquise est :

Pour la jouissance à	50 ans,	à capital réservé, de	41 f.,	à capital aliéné, de	51 fr.
»	60 ans,	»	92	»	115
»	65 ans,	»	153	»	190

2° Un livret de **50 francs**, donné en prix à un **enfant de 10 ans**, lui assure, à capital aliéné :

Avec jouissance	à **50** ans,	une rente de	**19** fr.
»	à **60** ans,	»	**44**
»	à **65** ans,	»	**72**

3° Une économie de **10 centimes** par **jour**, soit **36 francs** par an, faite depuis **16 ans :**

Jusqu'à **50** ans	produit une rente de	**139** f.	à cap. réservé	et de **208** f.	à cap. aliéné
»	**55** ans	»	**210**	»	**319**	»
»	**60** ans	»	**331**	»	**509**	»

4° Un père de famille qui verserait **par jour 10 centimes** sur la tête d'un enfant, soit **36 francs** par an, — depuis **l'âge de 3 ans**, jusqu'à **l'âge de 21 ans inclusivement**, lui assurerait :

Avec jouissance	à **50** ans,	une rente de	**194** f. à cap. réservé	et de	**252** f. à cap. aliéné
»	à **55** ans,	»	**283**	»	**367**	»
»	à **60** ans,	»	**435**	»	**564**	»
»	à **65** ans,	»	**721**	»	**936**	»

5° Une personne âgée de 20 ans qui verserait annuellement, jusqu'à 60 ans, une somme de 50 fr. 85 cent., se constituerait à elle-même une **rente viagère de 360 francs** et assurerait après un délai de deux ans, c'est-à-dire après avoir effectué son **troisième versement**, un capital de **mille francs** à ses héritiers ou ayants-droit.

6° Un versement de 50 francs effectué annuellement de 20 à 60 ans, à **capital réservé**, à la Caisse nationale des retraites, constituerait à 60 ans une rente viagère de 363 francs, mais le capital de 1.000 francs remboursable au décès du déposant ne serait assuré **qu'après le vingtième versement.**

CAISSE D'ASSURANCE EN CAS DE DÉCÈS

La Caisse nationale de retraites est complétée par la « Caisse d'assurance en cas de décès » qui offre au fonctionnaire le moyen de mettre les siens à l'abri des premiers besoins et de leur laisser des ressources dans le cas où il viendrait lui-même à mourir prématurément.

OU PEUT-ON EFFECTUER LES VERSEMENTS?

Les versements à la Caisse nationale de retraites et à la Caisse d'assurance en cas de décès sont reçus dans les départements par les Trésoriers-payeurs généraux, les Receveurs particuliers des finances, les Percepteurs et les Receveurs des postes, (dans le département de la Seine, à la Caisse des dépôts et consignations).

PAIEMENT DES RENTES. — REMBOURSEMENT

Les rentes viagères sont payables, chaque trimestre, à la Caisse des dépôts et consignations, chez les Receveurs des finances et les Percepteurs.

Les remboursements à capital réservé sont effectués sans délai après le décès du titulaire, soit aux héritiers ou ayants-droit du titulaire, soit au donateur ou à ses ayants-droit.

(Consulter l'Instruction de la Caisse nationale de retraites, mise à la disposition du public, chez les comptables ci-dessus énumérés.)

CORRESPONDANCE DE L'INSTITUTEUR
L'INSTITUTEUR ET LA FRANCHISE POSTALE

I

LA FRANCHISE POSTALE

Que faut-il entendre par franchise postale ?

La franchise postale est l'exemption de la taxe accordée :

1° A la correspondance des fonctionnaires publics *exclusivement relative au service de l'Etat* (Loi du 24 frimaire an VIII, art. 13 ; Ordonnance du 17 novembre 1844, art. 1er) ;

2° A certaines publications, imprimés ou autres objets assimilés à la correspondance de Service (Même ordonnance, art. 8 et 9).

Extension de cette définition pour les instituteurs

Cartes à demi-tarif. — La correspondance relative aux demandes et aux envois de cartes à demi-tarif, ainsi que ces cartes elles-mêmes, sont admises à circuler en franchise (Circulaire du 8 juin 1897).

Clichés photographiques

Sont admis à circuler par la poste, en franchise, les clichés photographiques pour projections, achetés avec les fonds de l'Etat et expédiés sous contreseing régulier :

1° Par le Ministre de l'Instruction publique aux instituteurs ;

2° Par les inspecteurs d'académie et inspecteurs primaires aux instituteurs publics et renvoyés par ceux-ci aux fonctionnaires expéditeurs. Ces objets doivent être réunis en paquets ne dépassant pas chacun le poids de 5 kilogrammes. Ils porteront la suscription : « Clichés photographiques pour projections. » (Décret du 5 février 1896.)

Ouvrages et publications des bibliothèques pédagogiques adressés aux instituteurs

Ces ouvrages peuvent circuler en franchise sous le contreseing des inspecteurs d'académie ou des inspecteurs primaires (Loi du 30 mars 1902, art. 29. — Instruction n° 529 du Ministère des postes).

Nous ajouterons que les instituteurs peuvent les renvoyer en franchise aux inspecteurs. La discussion, qui a eu lieu, le 4 mars 1902, à la Chambre des députés, ne laisse aucun doute à ce sujet.

Qui accorde la franchise postale?

C'est le Ministre du commerce qui accorde les franchises postales : les demandes de concession doivent lui être adressées par l'intermédiaire du département ministériel dont relèvent les fonctionnaires intéressés (Même ordonnance, art. 2).

Avec quelles autorités l'instituteur peut-il correspondre en franchise?

L'instituteur peut correspondre en franchise :
1° Avec les inspecteurs généraux en tournée ;
2° Le recteur de l'Académie ;
3° L'inspecteur d'Académie du département ;
4° L'inspecteur primaire de l'arrondissement ;
5° Le professeur départemental d'agriculture ;
6° Les délégués cantonaux (du canton) ;
7° Le préfet du département ;
8° Le sous-préfet de l'arrondissement ;
9° Les maires du canton (Extrait du *Manuel des franchises*).

Comment doivent être conditionnés les envois en franchise

La correspondance relative au service de l'Etat s'expédie :
1° Sous bandes ;
2° Sous enveloppes ouvertes ;
3° Sous forme de cartes postales remplissant les mêmes conditions de dimensions et de poids que les cartes postales ordinaires (Décret du 1er décembre 1888) ;
4° Par lettres fermées (Ordonnance du 17 novembre 1844, art. 21 ; décrets du 1er décembre 1888 et du 9 décembre 1900).

Législation commune à ces quatre formes de la correspondance en franchise

QUALITÉ DU DESTINATAIRE. — Elle ressort du simple énoncé de l'adresse.

QUALITÉ DE L'EXPÉDITEUR. — Elle est indiquée par l'énoncé de ses fonctions suivi de sa signature sur la suscription de la dépêche : c'est ce qu'on appelle le contreseing (Ordonnance du 17 novembre 1844, art. 14).

La désignation des fonctions peut être imprimée sur l'adresse ou indiquée par un timbre (Même ordonnance, art. 13).

En principe, le contreseing doit être formulé à la main (même article).

Le contreseing de certains fonctionnaires désignés dans une nomenclature spéciale donnée à l'état n° 48 du *Manuel des franchises* peut être remplacé par un timbre auquel on donne le nom de griffe. Cette griffe est fournie par l'administration des postes qui en conserve une empreinte modèle (Même ordonnance, art. 14). Aucun membre de l'enseignement ne figure à l'état n° 48.

CAS OU LE FONCTIONNAIRE EST HORS D'ÉTAT DE REMPLIR SES FONCTIONS POUR CAUSE D'ABSENCE, DE MALADIE OU POUR TOUTE AUTRE CAUSE LÉGITIME. — Le fonctionnaire qui le remplace par intérim doit contresigner les dépêches à sa place en énonçant sa qualité d'intérimaire (Même ordonnance, art. 19).

DÉPÊCHES DE LA VILLE POUR LA VILLE. — Les fonctionnaires de la même résidence peuvent déposer au bureau de poste les dépêches dûment contresignées de la ville pour la ville. Ces dépêches sont distribuées par les facteurs quand le poids ne dépasse pas 100 grammes. — Lorsque le poids dépasse 100 grammes, les paquets ne sont distribués qu'au guichet du bureau (Art. 642 de l'Instruction générale). Avis en est donné au destinataire conformément à l'art. 66 de l'ordonnance du 17 novembre 1844.

Envois sous enveloppes fermées

Les lettres fermées, expédiées en franchise, peuvent être mises sous enveloppes (Décision ministérielle du 23 mars 1857).

La faculté d'expédier la correspondance de service par lettres fermées est permanente ou éventuelle.

Elle est permanente pour le chef de l'État, les hauts dignitaires et les fonctionnaires dont la désignation au *Manuel des franchises* est suivie de l'indication L. F.

Elle est éventuelle pour les fonctionnaires dont la désignation au même *Manuel* est suivie d'un astérisque placé à droite des initiales S. B.

Les fonctionnaires autorisés éventuellement, mais seulement en cas de nécessité, à expédier leur correspondance de service par lettres fermées, doivent porter sur la suscription, indépendamment de leur contreseing, les mots : « Nécessité de fermer » sous lesquels ils apposent leur signature.

L'instituteur ne peut expédier sa correspondance administrative sous enveloppes fermées (1) ; cette faculté est laissée aux recteurs et aux inspecteurs d'Académie pour les compositions d'examens.

---

(1) Exception est faite pour sa correspondance avec le Ministre ; il tiendra compte cependant de la circulaire du 20 décembre 1892 : « Tout fonctionnaire a le droit de recourir au Ministre et personne n'a qualité pour empêcher la requête la plus humble de parvenir jusqu'à lui, mais la seule voie à suivre est la voie hiérarchique. »

Des instructions ministérielles plus récentes sont venues confirmer la circulaire du 20 décembre 1892 : « ...Toutes les communications que les instituteurs ont à adresser au Ministre doivent lui parvenir par la voie hiérarchique et non par d'autres intermédiaires que leurs chefs. » (Circulaire du 30 janvier 1894. — Pétitions.)

LA FRANCHISE TÉLÉGRAPHIQUE

La franchise télégraphique dans le personnel enseignant

Très peu connue, souvent mal interprétée, est la question de « la franchise télégraphique » ; nous pensons intéresser les membres de l'enseignement primaire en lui consacrant un chapitre.

TÉLÉGRAMMES OFFICIELS. — Définissons d'abord les mots : « télégrammes officiels ».

Dans le service intérieur, les télégrammes officiels sont ceux qui, *intéressant le service de l'Etat*, sont expédiés par des fonctionnaires auxquels le *droit de franchise télégraphique a été accordé par arrêté ministériel.*

EXTENSION DE LA DÉFINITION. — Sont également considérées comme télégrammes officiels :

1° Les réponses aux télégrammes que nous venons de définir ;

2° Les réponses aux lettres adressées par un expéditeur jouissant de la franchise télégraphique.

CONDITION INDISPENSABLE. — Une condition, toutefois, est indispensable pour que ces réponses soient admises comme télégrammes officiels : *il faut que le télégramme primitif ou la lettre renferme explicitement l'ordre de répondre par le télégraphe.*

FORMALITÉ A REMPLIR. — Le télégramme ou la lettre susvisés sont produits au moment du dépôt de la réponse et l'agent du guichet inscrit sur la minute le mot : « réponse » qui est transmis après l'adresse (Instruction T. art. 96, édition de 1894).

EXEMPLE DE TÉLÉGRAMME OFFICIEL. — Le préfet du Jura, avant d'ordonner la fermeture d'une école pour cause d'épidémie, demande, par télégramme ou par lettre, à l'instituteur de X..., le nombre des élèves malades et le prie de répondre télégraphiquement. L'instituteur remet au receveur des postes la lettre ou le télégramme qu'il vient de recevoir du préfet en même temps que sa réponse ; celle-ci a un caractère officiel, elle circulera en franchise.

A quelles autorités est conférée la franchise télégraphique

Il faut distinguer entre la franchise directe et la franchise indirecte.

Franchise directe. — La franchise directe est celle que possède une autorité administrative ou scolaire, par elle-même, sans recourir à une autre autorité.

Autorités administratives. — Le sous-préfet et le préfet ont la franchise télégraphique *directe, illimitée,* pour la correspondance administrative *urgente.*

Le maire, dans les localités où il n'y a pas de sous-préfet, a la franchise directe :

1° Pour la correspondance de service *urgente* adressée au magistrat (préfet ou sous-préfet) qui administre l'*arrondissement* dans lequel est située la commune, et au procureur de la République de cet arrondissement ;

2° Pour la correspondance relative aux accidents et grèves dans les mines et usines, adressée aux inspecteurs généraux et ingénieurs des mines ;

3° Pour la correspondance relative aux demandes de sérum adressées au préfet du département, et dans les localités non situées dans l'arrondissement chef-lieu, au sous-préfet de l'arrondissement (Extrait du Manuel des franchises).

Voilà pour les autorités administratives ayant des rapports avec le personnel enseignant.

Fonctionnaires de l'enseignement. — Passons maintenant aux autorités scolaires :

L'instituteur, l'inspecteur primaire, l'Inspecteur d'Académie n'ont pas de franchise directe.

Seul, le recteur a la franchise directe pour les communications de service *urgentes* adressées dans l'étendue de son ressort académique aux ministres, préfets, inspecteurs d'Académie, proviseurs des lycées, principaux des collèges, directrices des lycées et des collèges de jeunes filles, directeurs et directrices d'écoles normales (Extrait du Manuel des franchises).

Franchise indirecte. — La franchise indirecte est celle qui est conférée par un visa apposé sur un télégramme par un fonctionnaire investi de la franchise directe avec le destinataire du télégramme (Instruction T., art. 102).

Le visa est demandé par l'agent expéditeur du télégramme à son chef hiérarchique. A défaut du chef hiérarchique, *il est demandé à une autre autorité compétente.*

Le mot « visé » est inscrit sur la minute pour être transmis à la suite de l'adresse de tout télégramme qui a été soumis à la formalité du visa (Même instruction, art. 105).

Exemples de franchise indirecte

A. — L'inspecteur primaire, retenu par un motif grave, au chef-lieu de sa circonscription, ne pourra présider la conférence pédagogique qui doit avoir lieu à X.... Il veut en aviser télégraphiquement et l'instituteur de cette commune et l'inspecteur d'Académie. N'ayant pas de franchise directe, il fera viser son télégramme par le sous-préfet de l'arrondissement, qui a une franchise directe, illimitée, afin de bénéficier lui-même d'une franchise télégraphique indirecte.

B. — L'inspecteur d'Académie, avant de procéder à un mouvement du personnel, veut demander télégraphiquement à l'instituteur de X... s'il accepterait d'être nommé à Z... Il ne jouit pas de la franchise directe avec ce fonctionnaire. En faisant viser son télégramme par le préfet qui a une franchise directe, illimitée, il pourra obtenir la franchise télégraphique indirecte.

Notons que, dans ce cas, l'instituteur peut répondre à

l'inspecteur d'Académie *en franchise, par le télégraphe, en produisant le télégramme qu'il vient de recevoir.*

C. — L'instituteur adjoint de A... veut annoncer à l'inspecteur primaire, par l'intermédiaire du sous-préfet, la mort de son directeur. Il n'a pas de franchise directe. Si son télégramme, à l'adresse du sous-préfet, est visé par le maire, il sera admis à circuler en franchise : 3e exemple de franchise indirecte.

RÉSUMONS LA LÉGISLATION EN CE QUI CONCERNE L'INSTITUTEUR. — En demandant au maire son visa, il a la franchise indirecte avec le sous-préfet de l'arrondissement ou avec le préfet pour l'arrondissement chef-lieu ; il peut, *par leur intermédiaire*, communiquer avec l'inspecteur primaire ou l'inspecteur d'Académie lorsqu'il s'agit de questions *administratives urgentes.*

CAS DU FONCTIONNAIRE NE JOUISSANT PAS DE LA FRANCHISE TÉLÉGRAPHIQUE ET QUI NE PEUT RECOURIR AU VISA DU MAIRE, DU SOUS-PRÉFET OU DU PRÉFET.

Un fonctionnaire ne jouissant pas de la franchise, qui expédie, dans les limites du régime intérieur, un télégramme ayant trait à une question administrative, peut exiger que ce télégramme, bien que taxé comme télégramme privé, *soit transmis et remis avec priorité.* Le taxateur inscrit alors sur la minute la mention non taxée : « urgent », qui est transmise gratuitement avant le préambule (Instruction précitée, art. 110). Le bénéfice de cet article peut être réclamé dans les bureaux des villes parfois encombrés par les dépêches télégraphiques.

Abus de franchise télégraphique.

Sont abusifs : les télégrammes relatifs aux congés ; à la participation aux obsèques des autorités, des fonctionnaires ; aux réclamations de renseignements ou de documents devant parvenir à une date déterminée ; les télégrammes qui auraient pu être remplacés par une correspondance postale (Instruction T, art. 124).

Les papiers d'affaires dans la correspondance postale de l'Instituteur

LES BULLETINS SCOLAIRES

Les bulletins scolaires ne doivent renfermer que l'appréciation de la conduite et du travail des élèves exprimée au moyen de chiffres, ou des mots : bien, assez-bien, etc. ; ils peuvent indiquer les places obtenues dans les compositions.

Les phrases de la nature de celles-ci : Paul a redoublé d'ardeur; Pierre s'est montré moins exact, etc., ne sont pas admises.

LES DEVOIRS D'ÉLÈVES

Pour les devoirs non corrigés, aucune contestation ne peut s'élever.

Il n'en est pas de même des devoirs corrigés. L'Instituteur doit se borner à de simples corrections de mot et de phrases, non donner des conseils, faire connaître son appréciation, développer ses observations. Il évitera d'employer les expressions : « tournure vicieuse » « mot impropre », « barbarisme », « archaïsme », « solécisme », « pléonasme », « mauvaise construction », « problème non compris », « solution mal présentée », « réponse erronée », « très bien », « bien », « passable »; des chiffres pour indiquer la valeur du travail de l'élève : de telles annotations entraîneraient pour l'expéditeur un port complémentaire de 0 fr. 10.

LES ÉPREUVES D'IMPRIMERIE

Sur les épreuves, on peut écrire ces mots : « bon à tirer », « exact », « rien à modifier » ; « bon à tirer après corrections », « bon à graver » à l'exclusion de toute autre observation ou commentaire de quelque nature que ce soit (Arrêté du 25 novembre 1893, art. 22) ; on peut indiquer qu'un mot, qu'une phrase doit être modifiée, changée, supprimée, ajoutée ; placée plus haut, plus bas, à la page suivante, à la fin du chapitre. — Cette indication se fait avec tous les signes en usage dans l'imprimerie.

Les expressions : « tirer à 500, à 1 000 exemplaires » ; « renvoyer ou retourner le plus tôt possible » ; « achever la correction » ; « réunir toutes les épreuves » donnent lieu à la perception du port complémentaire de 0 fr. 10.

LIVRES

Le tarif des imprimés leur est applicable jusqu'à concurrence de 3 kilogrammes. Ils peuvent même contenir des notes manuscrites de date ancienne (Loi du 25 juin 1856).

CAHIERS, BROCHURES, ETC.

Cahiers d'exercices pour l'enseignement de la couture. — Même réglementation.

Brochures, Cartes de géographie, Dessins, Gravures, Images, Feuilletons détachés des journaux, Plans, Prospectus imprimés. — C'est au tarif des imprimés sous bandes ou sous enveloppes ouvertes qu'on doit se reporter pour l'affranchissement. Toutefois, les prospectus manuscrits sont assujettis à la taxe des lettres.

Annotations extérieures sur les imprimés ou sur leurs bandes. — L'article 9 de la loi du 25 juin 1856 dispose que les imprimés circulant à prix réduit ne doivent contenir aucune écriture à la main si ce n'est la date et la signature. — Il interdit d'insérer dans les imprimés aucune lettre ou note ayant un caractère de correspondance.

Traits faits à la main et destinés à marquer un passage du texte. — Les livres, brochures, circulaires, avis, imprimés et objets assimilés, peuvent être revêtus de simples traits faits à la main et destinés à marquer un mot ou un passage du texte (Arrêté du 25 novembre 1893, art. 18).

Dédicaces. — Elles n'entraînent aucune augmentation de taxe, même si elles sont écrites en langues mortes ou étrangères. — Au cas où l'hommage est fait par une personne autre que l'auteur, un port supplémentaire de 0 fr. 10 est exigé (Arrêté précité. art. 31).

Circulaires, Avis obtenus au moyen de la machine à écrire. — Il est permis d'expédier au tarif des imprimés des circulaires obtenues au moyen de la machine à écrire, lorsque le texte de ces circulaires a été reporté sur pierre ou sur pâte, de manière à devenir une véritable impression. *Mais ces circulaires ou avis doivent porter l'indication du procédé de tirage employé.*

Mutualités. — La correspondance relative à la mutualité scolaire ne jouit pas de la franchise (Lettre ministérielle du 23 juin 1903).

L'INSTITUTEUR VOYAGEUR

C'est sur la carte à demi-tarif que doit être appelée son attention. Il vérifiera si elle porte bien la signature de l'Inspecteur primaire ou de l'inspecteur d'Académie, la sienne propre, le sceau de l'Inspection académique, si elle n'a pas plus de 2 mois de date ; elle ne présentera aucune rature, addition, grattage, ne comprendra qu'un seul voyage, ne sera utilisée que pour ce voyage.

L'Instituteur qui se rend soit quotidiennement, soit périodiquement ou habituellement d'une station déterminée à une autre déterminée, tant pour convenances personnelles que pour nécessité de service, peut obtenir une carte permanente à demi-tarif ou une carte d'abonnement à prix réduit.

La carte permanente est valable pour une année (Circulaire du 25 janvier 1898).

LE DOSSIER DE L'INSTITUTEUR

Le dossier de l'Instituteur fait ordinairement connaître :

La date et le lieu de sa naissance ;

L'école qu'il a fréquentée avant son entrée dans l'enseignement ;

Ses titres de capacité ; la date et le lieu de leur obtention ;

Les fonctions ou emplois qui lui ont été confiés avec la date de la nomination et celle de l'installation pour chaque poste occupé ;

Son avancement ; la date de ses promotions ;

Ses interruptions de service avec leur durée et leur cause ;

Ses récompenses et distinctions honorifiques ;

Les peines disciplinaires prononcées contre lui ;

Ses liens de parenté avec d'autres membres de l'enseignement ;

Sa situation au point de vue militaire ; la date de son engagement décennal.

La première pièce qui entre dans sa formation est le rapport du Directeur de l'Ecole normale sur l'élève-maître sortant.

Viennent ensuite :

Le procès-verbal de son installation comme stagiaire ;

Les rapports des Directeurs d'écoles auprès desquels il a exercé ;

Les rapports d'inspection ;

Le procès-verbal de l'examen du C. A. P. ;

Les demandes adressées par lui à l'Inspection académique à l'effet d'obtenir un changement de poste, — un congé ;

Les procès-verbaux de son installation dans les différents postes occupés ;

Les communications diverses qu'il a pu adresser à ses supérieurs hiérarchiques ;

Tous les documents susceptibles d'éclairer ceux-ci sur sa valeur professionnelle, son aptitude, son zèle, sa moralité, ses rapports avec les autorités locales et avec les familles, sa considération. — A ces documents s'ajoute, dans certains départements, la photographie de l'intéressé sollicitée comme un don volontaire.

La communication du dossier

Tous les fonctionnaires civils et militaires, tous les employés et ouvriers de toute administration publique *ont droit* à la communication *personnelle* et *confidentielle* de toutes les notes, feuilles signalétiques et autres documents composant leur dossier, *soit avant d'être l'objet d'une mesure disciplinaire ou d'un déplacement d'office, soit avant d'être retardés dans leur avancement à l'ancienneté* (Loi du 22 avril 1905, art. 65).

Cet article s'applique aux stagiaires comme aux titulaires. Il s'agit de la communication de tout le dossier du fonctionnaire et cette communication doit être faite en l'absence de toute demande de l'intéressé (Conseil d'Etat, 6 juillet 1906).

Le fonctionnaire peut lire son dossier, mais non le copier (Conseil d'Etat).

L'INSTITUTEUR SOLLICITE UNE PENSION DE RETRAITE

Différentes situations où il peut se trouver (1)

PIÈCES A PRODUIRE A L'INSPECTION ACADÉMIQUE

1° L'INSTITUTEUR COMPTE AU MOINS 55 ANS D'AGE ET 25 ANS DE SERVICES

La demande est formée au nom de l'*ancienneté* d'âge et de services.

1° Demande d'admission ; — 2° Etat de services ; — 3° Acte de naissance ; — 4° Déclaration de domicile (Décret du 9 novembre 1853, art. 31). — 5° Brevet de capacité (Circulaire du 18 avril 1880).

2° L'INSTITUTEUR COMPTE MOINS DE 55 ANS, MAIS IL A 25 ANS DE SERVICES ADMISSIBLES

Il est hors d'état de continuer ses fonctions : cette impossibilité peut résulter soit d'une *invalidité physique*, soit d'une *invalidité morale*.

---

(1) Dans les 3 cas, nous supposerons que l'instituteur a passé 15 ans dans la partie active.

S'il avait passé moins de 15 ans dans la partie active, il ne pourrait obtenir une pension qu'à 60 ans, après 30 ans de services, par ancienneté ; qu'au bout de 30 ans de services, sans condition d'âge, dans le cas d'invalidité physique ou morale : qu'à 50 ans, après 20 ans de services, s'il excipait d'infirmités (Loi du 9 juin 1853, art. 5 et 11).

a) — *Il y a invalidité physique* : 1° Demande d'admission ; 2° Etat de services ; — 3° Acte de naissance ; — 4° Déclaration de domicile ; — 5° Certificat du médecin traitant ; — 6° Certificat du médecin assermenté (1), désigné par l'administration ; — 7° Certificat du supérieur immédiat qui est le plus souvent l'inspecteur primaire (Décret précité, art. 30 et 31). — 8° Brevet de capacité (Circulaire du 18 avril 1880).

b) — *Il y a invalidité morale* : 1° Demande d'admission ; — 2° Etat de services ; — 3° Acte de naissance ; — 4° Déclaration de domicile ; — 5° Certificat du supérieur immédiat. (Décret précité, art. 30 et 31). — 6° Brevet de capacité. (Circulaire du 18 avril 1880).

3° L'INSTITUTEUR COMPTE AU MOINS 45 ANS D'AGE ET 15 ANS DE SERVICES ADMISSIBLES

Des infirmités graves, *résultant de l'exercice de ses fonctions*, le mettent dans l'impossibilité de les continuer.

1° Demande d'admission ; — 2° Etat de services ; — 3° Acte de naissance ; — 4° Déclaration de domicile ; — 5° Certificat du médecin traitant ; — 6° Certificat du médecin assermenté désigné par l'administration ; — 7° Certificat du supérieur immédiat ; — 8° Certificat de l'autorité municipale (du maire, par conséquent) (Décret précité, art. 31 et 35). — 9° Brevet de capacité (Circulaire du 18 avril 1880).

PIÈCES A PRODUIRE PAR LES INSTITUTRICES

Elles sont les mêmes que celles que nous venons d'énumérer ; mais les institutrices ont à joindre, s'il y a lieu, leur acte de mariage, et, en outre, si elles sont veuves, l'acte de décès de leur mari (Circulaire du 28 janvier 1901).

---

(1) Le médecin assermenté doit être autre que le médecin traitant.

COMMENT DOIVENT ÊTRE ÉTABLIES LES PIÈCES DU DOSSIER DE RETRAITE

Demande de pension

Elle doit être rédigée sur papier timbré à 0 fr. 60 (Loi du 13 brumaire, an VII, art. 12), légalisée par le maire et le sous-préfet (le préfet pour l'arrondissement chef-lieu), et transmise au ministre de l'Instruction publique par la voie hiérarchique.

Etat de services

L'intéressé demandera à l'Inspection académique l'imprimé officiel (Circulaires des 21 décembre 1878 et 15 décembre 1880).

Cet état ne doit contenir que les services rendus dans l'enseignement public. Les services militaires et les services civils étrangers à l'Instruction publique doivent être établis par des certificats authentiques émanant des divers ministères auxquels ils ressortissent. Néanmoins, les maîtres peuvent signaler, sur une feuille spéciale, tous les services qu'ils désirent faire valoir pour leur admission à la retraite (Circulaire des 15 décembre 1890 et 15 mai 1897).

Les services dans les armées de terre et de mer concourent avec les services civils pour établir le droit à pension et sont comptés pour leur durée effective, pourvu toutefois que la durée des services civils soit au moins de 10 ans dans la partie active (12 ans dans la partie sédentaire). (Loi du 9 juin 1853, art. 8.)

Compter les mois comme ayant une durée de 30 jours.

On ne doit considérer, comme valables pour le droit à pension, que les années postérieures à l'âge de 20 ans et à l'obtention du brevet de capacité (Loi du 9 juin 1853, art. 23. — Circulaire du 18 avril 1880).

Les années passées à partir de 20 ans, en qualité d'élève dans les Écoles normales, bien qu'elles ne soient pas soumises à retenues, entrent en compte dans le calcul des années de service (Loi du 17 août 1876, art. 2).

Les années de service dans l'enseignement libre ne peuvent jamais être comprises dans la supputation des années donnant droit à la retraite (Loi du 9 juin 1853, art. 3. — Circulaire du 18 avril 1880).

Il en est de même du temps passé en congé ou en inactivité sans traitement (Loi du 9 juin 1853, art. 3. — Décret du 9 novembre 1853, art. 16. — Arrêté du 22 février 1860. — Circulaire du 18 avril 1880).

Le temps passé en congé avec traitement est tout entier valable pour constituer le droit à pension, mais n'est liquidable que jusqu'à concurrence de 5 ans (Loi du 9 juin 1853, art. 10. — Circulaire du 18 avril 1880).

Dans le cours d'une même année, on ne peut compter pour la retraite, en dehors de 6 mois de congé avec traitement (intégral ou partiel), une période pendant laquelle l'instituteur a été suppléé aux frais de l'État par suite de maladie (Décret du 9 novembre 1853, art. 16. — Avis du Conseil d'État, 24 février 1897).

Lorsque les traitements qui constituent la moyenne dépassent le maximum prévu par la loi du 19 juillet 1889, il est nécessaire d'indiquer de quels éléments se compose le traitement garanti et de justifier, par la production de pièces, le vote des suppléments communaux qui ont pu être touchés, de 1881 à 1890, en plus du traitement garanti (Circulaire du 15 mai 1897).

Indiquer, en outre, la classe dans laquelle se trouvait l'intéressé lors de l'application de la loi précitée, ainsi que les promotions obtenues ultérieurement avec les dates desdites promotions (Circulaire du 8 janvier 1891).

Quand il s'agit d'une demande de pension pour cause d'infirmités, mentionner, sur l'état de services, les services qui ne peuvent être compris dans la liquidation, tels que les services rendus dans l'enseignement privé, les services rendus avant l'âge de 20 ans, ou avant l'obtention du brevet de capacité (Circulaire du 12 février 1886).

Un fonctionnaire démissionnaire, destitué, révoqué d'emploi, qui a été remis en activité, peut faire entrer en ligne de compte son premier service. (Loi du 9 juin 1853, art. 27).

Le maître n'est pas tenu d'arrêter l'état de ses services au jour même où il le signe ; il lui est loisible de fixer une date plus ou moins prochaine pour la cessation de ses fonctions.

L'Instituteur doit vérifier avec soin cet état. S'il y avait désaccord entre le relevé fait à l'Inspection académique et ses prétentions, il pourrait transmettre une réclamation au Ministre (Circulaire du 15 décembre 1880).

Actes de l'État civil

Ils doivent être expédiés sur papier timbré à 1 fr. 80, et légalisés par le juge de paix du canton ou son suppléant, ou encore par le président du tribunal de l'arrondissement. La formalité du timbre n'est pas exigée pour les personnes qui sont dans un état d'indigence reconnu ; mais, dans ce cas, il faut que mention soit faite, sur l'extrait même, du motif pour lequel il a été délivré sur papier libre (Circulaire du 18 avril 1880).

Déclaration de domicile

Elle sera faite sur papier libre, légalisée toutefois par le maire et le sous-préfet. (Le préfet pour l'arrondissement chef-lieu.)

Brevet de capacité

A défaut du titre lui-même, l'instituteur en produira une copie dûment certifiée par le maire, et la signature du maire sera légalisée par le sous-préfet ou le préfet.

Certificats médicaux

La plupart des instituteurs se croient obligés de produire ces certificats sur papier timbré : nous leur rappelons que l'art. 4 de la loi du 29 mars 1897 a exempté du timbre les certificats délivrés par les médecins non assermentés aux agents accomplissant un service actif de l'Etat. Quant aux certificats de maladie délivrés par les médecins assermentés, ils sont exceptés de la formalité du timbre en vertu du § 1 de l'Instruction générale de l'enregistrement 2924.

La teneur des certificats médicaux doit différer selon que l'intéressé justifie *de 25 ans* de services *ou d'un nombre d'années inférieur à 25*.

a) — Dans le 1er cas (l'instituteur a au moins 25 ans de services, voir plus haut : 2°), les certificats doivent conclure à l'impossibilité absolue où il se trouve de *continuer ou de reprendre* ses fonctions (Circulaire du 28 janvier 1901).

C'est dans le même sens que sera rédigé le rapport de l'inspecteur primaire lorsqu'il y a invalidité physique ou morale chez le fonctionnaire (Circulaire du 16 décembre 1880).

b) — Dans le second cas (l'instituteur a moins de 25 ans de services, voir plus haut : 3°), les 4 certificats doivent mentionner, non pas que les infirmités dont il excipe ont été contractées *dans* ou *pendant* l'exercice de ses fonctions, mais qu'elles *résultent* de l'exercice même de ces fonctions; et les attestations médicales doivent, autant que possible, au moyen d'un développement destiné à éclairer l'Administration et le Conseil d'Etat, démontrer *le lien qui peut rattacher la maladie invoquée à l'accomplissement des devoirs professionnels du fonctionnaire.* (Circulaires du 18 avril 1880 et du 28 janvier 1901).

Les 4 certificats concluront, de même que dans le premier cas, à l'impossibilité absolue pour le maître de continuer ou de reprendre ses fonctions.

Toutes ces pièces seront légalisées par le maire et le sous-préfet.

OBSERVATIONS

Emplois d'adjoints

Les instituteurs qui ont occupé des emplois d'adjoints doivent annexer à leur dossier de retraite des pièces officielles : certificats du maire ou du percepteur, établissant que ces emplois étaient régulièrement créés à l'époque où ils sont entrés en fonctions, que leur traitement était prévu au budget communal et soumis aux retenues réglementaires pour pensions civiles (Circulaire du 19 avril 1888).

Fonctionnaires nés en territoire annexé

Un maître né dans une localité détachée du territoire français doit produire, en outre des pièces que nous avons énumérées, un certificat d'option pour la nationalité française (Loi du 9 juin 1853, art. 29).

Mode de calcul de la pension de retraite

La pension de retraite est basée sur la moyenne des traitements dont l'ayant-droit a joui pendant les 6 meilleures années (Loi du 17 août 1876, art. 2).

Pour 25 ans de services rendus entièrement dans la partie active, elle est la moitié du traitement moyen, avec accroissement, pour chaque année de service en sus, d'un cinquantième du traitement moyen (Loi du 9 juin 1853, art. 7).

Si l'Instituteur était admis à la retraite pour cause d'infirmités, après 15 ans de services rendus dans la partie active, le calcul de la pension se ferait également par cinquantièmes (Loi précitée, art. 11).

La pension est réglée par soixantièmes lorsque le fonctionnaire, admis à la retraite pour ancienneté d'âge ou pour invalidité physique, invalidité morale, a passé moins de 25 ans dans la partie active ou lorsque, dans le cas. d'infirmités, il a passé moins de 15 ans dans la partie active.

La pension ne peut excéder les 2/3 du traitement moyen (Loi précitée, art. 7). Ce maximum est donc atteint lorsque l'instituteur compte 33 ans et 4 mois de services liquidables, qui représentent 33/50 plus une fraction égale au tiers d'un cinquantième (1)

Calcul d'une pension

Un instituteur compte, parmi les 6 meilleures années, 3 années à 1.800 francs et 3 années à 2.000 ; il a exercé pendant 31 ans, à partir de l'âge de 20 ans.

3 années à 1.800 = 5,400 fr.
3 années à 2.000 = 6.000 fr.

Total = 11.400 fr.

Traitement moyen : 11.400 : 6 = 1.900 fr. dont le cinquantième est : 1.900 : 50 = 38 fr.

Montant de la pension : 38 × 31 (années) = 1.178 fr.

S'il avait exercé pendant 35 ans, il n'aurait pas droit aux 35/50 du traitement moyen, cette fraction dépassant le maximum que nous avons déterminé plus haut : sa pension serait des 2/3 de 1,900 francs, soit 1.266 francs. (*La fraction de franc* se néglige comme la fraction de mois dans le calcul. (Loi du 9 juin 1853, art. 23.)

---

(1) Réduisons ces fractions au même dénominateur :

$$\frac{99}{150} + \frac{1}{50 \times 3} \text{ ou } \frac{1}{150} = \frac{100}{150} \text{ ou les } \frac{2}{3}$$

du traitement moyen.

Une institutrice à sa mort ne laisse pas à son mari le droit au 1/3 de la pension qu'elle a obtenue ou qu'elle aurait pu obtenir, mais ses orphelins mineurs se partagent une pension temporaire égale à ce tiers jusque l'âge de 21 ans (voir page 222).

Chiffre minimum de la pension

Il ne peut être inférieur à 600 francs pour un instituteur, à 500 francs pour une institutrice ; ce minimum ne s'applique pas aux pensions exceptionnelles pour infirmités (Loi du 17 août 1876, art. 3).

La pension des instituteurs et des institutrices admis à la retraite depuis ladite loi pour cause d'infirmités est complétée à 200 francs (Circulaire du 25 novembre 1881).

Congé nécessaire (1)

Un instituteur ayant cessé son service antérieurement à l'arrêté ministériel l'admettant à la retraite se trouve rayé des cadres de l'enseignement primaire s'il n'y est pas demeuré rattaché par un congé régulier (Circulaire du 27 novembre 1901). Les arrérages de la pension partent du premier jour du congé. Il est impossible de toucher plus de 3 ans d'arrérages (L. du 9 juin 1853, art. 25).

Changement de département ou de commune par un fonctionnaire en instance de liquidation

Si l'instituteur en instance de liquidation désire recevoir son titre de pension ou en toucher les arrérages dans un département autre que celui qu'il a primiti-

---

(1) Des avances s'élevant aux deux tiers de la pension présumée peuvent être servies à l'instituteur, mensuellement, après son admission à la retraite, en attendant la remise de son brevet de pension (C. du 28 novembre 1907).

vement désigné, sa demande doit être adressée directement au Ministre des finances : Dette inscrite. — Pensions. — Aucune formalité n'est à remplir pour un changement de commune dans le département.

Notice

Immédiatement après avoir reçu avis de l'admission à la retraite d'un instituteur, l'inspecteur d'Académie communique à ce dernier, pour signature, une notice indiquant les modifications qui ont pu se produire dans sa situation depuis l'envoi de son état de services. Cette notice doit être retournée sans retard à l'inspection académique (Circulaire du 25 juillet 1892).

Promotion

Les maîtres admis à la retraite entre le 1er janvier et la date de publication des promotions ont droit à cette promotion s'ils remplissent les conditions pour être promus. — Toutefois, en exécution de l'avis du Conseil d'Etat du 25 juin 1895, la pension est liquidée « d'après la situation existant au jour même de l'admission à la retraite, date à laquelle les bases de la liquidation sont définitivement fixées ».

L'instituteur admis à la retraite avant le 1er janvier et maintenu en fonctions en vertu du décret du 27 mai 1897 (1) ne peut obtenir de promotion (Circulaire du 31 juillet 1897).

---

(1) Le décret du 27 mai 1897 est ainsi conçu : Le fonctionnaire admis à faire valoir ses droits pour ancienneté continue à exercer ses fonctions jusqu'à la délivrance de son brevet de pension, à moins de décision contraire rendue sur sa demande ou motivée soit par la suppression de son emploi, soit par l'intérêt du service. — Après la délivrance de son brevet de pension, il peut encore, lorsque l'intérêt du service l'exige, être maintenu momentanément en activité. — Dans les 2 cas, il n'y a pas lieu à un supplément de liquidation.

Erreur de calcul

Toute réclamation doit être adressée à la section du contentieux du Conseil d'Etat dans le délai de 2 mois, à partir du jour de la notification du décret de concession (Loi du 13 avril 1900, art. 24). Elle ne peut être fournie que pour le cas d'erreur matérielle de calcul. — Le décret de liquidation peut être annulé par le Conseil d'Etat et l'affaire renvoyée devant le Ministre (Conseil d'Etat. — Arrêt du 22 février 1884).

Les erreurs d'appréciation (fausse indication des 6 meilleures années, année de service omise, etc.), ne sont pas admises par le Conseil d'Etat, les intéressés ayant reconnu exacts l'état des services et le calcul du traitement moyen (Circulaire du 15 décembre 1880).

Le fonctionnaire, qui veut se pourvoir, doit, — s'il désire toucher les arrérages de sa pension, avant l'issue de son recours, — en demander l'autorisation au Ministre des finances, sans quoi il serait considéré comme ayant acquiescé à la liquidation et ne serait plus recevable dans sa requête (Même circulaire).

Payement des arrérages de la pension. — Payement de la pension

Les arrérages de la pension sont payés sur la présentation :

1° D'un certificat de vie délivré par un notaire dont la rétribution est déterminée par l'art. 46 du règlement d'administration publique du 9 novembre 1853.

Ce certificat est communément établi sur des formules spéciales timbrées à 0 fr. 60 et délivrées par les receveurs d'enregistrement ;

2° D'un certificat émanant du fonctionnaire (1) ordonnateur du dernier traitement et précisant la date à laquelle ce traitement a cessé d'être payé.

Les pensions et secours annuels sont payés par trimestre : les 1er mars, 1er juin, 1er septembre et 1er décembre.

Tout titulaire d'une pension inscrite au Trésor, doit produire, lors du payement, le certificat de vie dont il est question précédemment.

Lorsqu'un pensionnaire est remis en activité dans le même service, le payement de sa pension est suspendu. — S'il est remis en activité dans un service différent, il ne peut cumuler sa pension et son traitement que jusqu'à concurrence de 1.500 fr. (Loi du 9 juin, 1853, art. 28). — Le cumul de deux pensions est autorisé dans la limite de 6.000 fr. (Même loi, art. 31).

Tout pensionnaire, sous peine d'être rayé des livres du Trésor et poursuivi en restitution des sommes indûment perçues, est tenu de déclarer, dans ses certificats de vie, s'il jouit d'une autre pension ou d'un traitement quelconque (Loi du 15 mai 1818, art. 14 et 15).

Déchéance

Les pensions sont rayées des registres du Trésor après 3 ans de non-réclamation sans que leur rétablissement donne lieu à aucun rappel d'arrérages antérieurs à la réclamation. La même déchéance est applicable aux héritiers ou ayants-cause des pensionnaires qui n'auront pas produit la justification de leurs droits dans les 3 ans qui suivront la date du décès de leur auteur (Loi du 9 juin 1853, art. 30).

---

(1) Du Préfet pour l'Instituteur.

Perte de la qualité de Français

Le droit à l'obtention ou à la jouissance d'une pension est suspendu par les circonstances qui font perdre la qualité de Français, durant la privation de cette qualité (Loi précitée, art. 29).

En conséquence, la veuve qui se remarie avec un étranger perd son droit à pension.

Changement de département ou de commune après payement d'arrérages

Toute déclaration tendant à être payé dans un autre département doit être adressée un mois avant l'échéance du trimestre au trésorier-payeur sur la caisse duquel la pension est ordonnancée. Aucune formalité n'est à remplir pour un changement de commune dans le département.

Incessibilité

Les pensions étant incessibles (Loi du 9 juin 1853, art. 26), le dépôt d'un titre entre les mains d'un tiers n'offre aucune garantie au détenteur. L'Administration se réserve d'ailleurs le droit de retirer le duplicata qui aurait été délivré à un pensionnaire ayant engagé l'original.

Retenue sur la pension

Aucune saisie ou retenue ne peut être opérée du vivant du pensionnaire que jusqu'à concurrence d'un cinquième pour débet envers l'Etat, ou pour des créances privilégiées aux termes de l'art. 2101 du Code civil, et d'un tiers dans les circonstances prévues par les art. 203 — 205 — 206 — 207 — 214 du même Code (Loi précitée, art. 26).

Ordre dans lequel s'exercent les créances privilégiées : 1° frais de justice ; 2° frais funéraires ; 3° frais de la dernière maladie ; 4° salaires des gens de service ; 5° fournitures de subsistance faites au débiteur et à sa famille pendant les 6 derniers mois par les marchands en détail : boulangers, bouchers et autres, et, pendant la dernière année, par les maîtres de pension et marchands en gros.

Les art. 203 et suivants visent les obligations alimentaires.

Secours

L'instituteur en exercice, l'instituteur titulaire de pension ne peuvent être secourus que par exception (Circulaire du 1er décembre 1862). Il peut être accordé des secours aux Instituteurs chargés de famille.

Décès d'un instituteur retraité : liquidation des arrérages dus, après son décès. Pièces à produire aux Trésoreries générales.

Un instituteur retraité vient à mourir ; quelles sont les formalités à remplir par ses héritiers pour obtenir la liquidation des arrérages dus, après son décès? C'est la question à laquelle nous répondons ci-après, d'une façon générale, en envisageant le cas d'un pensionnaire, civil ou militaire, décédé.

A. — La première pièce à produire à la Trésorerie générale est le *certificat d'inscription*; s'il est adiré, une déclaration de perte le remplacera, faite sur papier timbré, devant le maire, en présence de deux témoins.

B. — La deuxième pièce est *l'acte de décès du titulaire de la pension*. Cet acte doit être expédié sur papier timbré; toutefois, il peut être établi sur papier libre pour les pensions de militaires et de veuves de militaires, les pensions à titre de récompense nationale, les pensions de donataires dépossédés et les pensions civiles (douanes, poudres et salpêtres), mais il doit y être dit qu'il a été délivré spécialement pour servir à toucher les arrérages de la pension du défunt. La signature du maire sera légalisée par le président du tribunal ou par le juge de paix.

C. — La troisième pièce *est un certificat de propriété* délivré en exécution de l'article 6 de la loi du 28 floréal an VII, soit par le notaire détenteur de la minute de l'inventaire ou de tout autre acte translatif de propriété, soit par le juge de paix du domicile du défunt, à défaut d'inventaire, partage, etc. Il pourra encore être délivré par le juge de paix lorsqu'il ne fera que viser un contrat de mariage d'après lequel la veuve serait qualifiée de *commune en biens*.

Ce certificat doit être timbré. La signature des notaires et des juges de paix autres que ceux du département sera dûment légalisée.

Toute pièce écrite en langue étrangère doit être traduite par un traducteur juré dont la signature sera légalisée par le président du tribunal auprès duquel il est assermenté. Si la pièce est soumise au timbre, l'original et la traduction devront être timbrés en France.

Le certificat de propriété est dispensé de l'enregistrement en vertu de la loi du 13 décembre 1830 et de la décision ministérielle du 29 octobre 1812. Cette dispense s'applique aux pensions de toute nature payées sur les fonds de l'Etat.

D. — Les héritiers d'un pensionnaire devront fournir, en outre, *une déclaration de non-cumul* conforme au modèle ci-après. Cette déclaration sera faite et signée par tous les héritiers ou par l'un d'eux se portant fort pour les autres. Elle pourra être insérée dans le certificat de propriété signé alors des déclarants. Si elle est produite séparément, elle sera faite devant le maire ou devant un notaire. La signature du maire ou celle du notaire devra être légalisée et la déclaration établie sur timbre si le certificat de vie que produisait le pensionnaire était assujetti au timbre; dans le cas contraire, elle pourra être établie sur papier libre.

Exception. — Sont seuls dispensés de produire cette pièce les héritiers des donataires dépossédés, des donateurs du Mont de Milan et ceux des pensionnaires à titre de récompense nationale, lorsque, pour ces derniers, la loi qui a concédé la récompense a accordé la faveur de pouvoir la cumuler avec toute autre pension.

MODÈLE DE DÉCLARATION DE NON-CUMUL

« ..... *déclar..... que depuis l'obtention de sa pension jusqu'au jour de son décès, ce pensionnaire n'a joui d'aucun traitement, sous quelque dénomination que ce soit, ni d'aucune autre pension ou solde de retraite, soit à la charge de l'Etat, des départements ou des communes, soit sur la Caisse des Invalides de la Marine* (indiquer si le pensionnaire jouissait d'une autre pension ou d'un traitement quelconque, en ajoutant : « *Si ce n'est d'une pension ou d'un traitement de Fr..... à titre de.....*) *et qu'il n'était pas titulaire d'un bureau de tabac.* » Si le pensionnaire est décédé hors de France, il y a lieu d'ajouter : « *et que depuis qu'il résidait à..... il n'a formé dans ce pays aucun établissement sans esprit de retour et qu'il n'y a accepté ni fonction, ni grade, ni pension, ni traitement quelconque, qui, aux termes des art. 17, 19 et 21 du Code civil, auraient pu lui faire perdre la qualité de Français* ».

Si c'est une veuve, il y a lieu de déclarer « *qu'elle n'a pas contracté de nouveau mariage avec un étranger.* »

Si c'est un pensionné militaire, on doit déclarer qu'il résidait hors de France depuis moins d'une année consécutive.

Observation. — Les actes établis par les magistrats et fonctionnaires étrangers sont légalisés en premier lieu par les autorités du pays et ensuite par les consuls et par le ministre des Affaires étrangères.

En Alsace-Lorraine, la légalisation des autorités locales suffit.

Remarque importante. — Toutes les formalités précédentes concernent les héritiers, mais quand une veuve veut toucher les arrérages, elle n'a qu'à remplir les formalités indiquées a la page 84.

LA VEUVE DE L'INSTITUTEUR SOLLICITE UNE PENSION DE RETRAITE. — FORMALITÉS A REMPLIR

Distinguons deux cas :

1° L'instituteur décédé jouissait d'une pension de retraite ;

2° L'instituteur décédé n'était pas titulaire de pension.

1° L'INSTITUTEUR DÉCÉDÉ JOUISSAIT D'UNE PENSION DE RETRAITE

La veuve a droit à pension pourvu que le mariage ait été contraté 6 ans avant la cessation des fonctions du mari (Loi du 9 juin 1853, art. 13). [1]

Les pièces qu'elle doit fournir à l'inspection académique sont les suivantes :

1° Demande de pension, à l'adresse du ministre, sur timbre à 0 fr. 60, légalisée par le maire et le sous-préfet (le préfet pour l'arrondissement chef-lieu) ;

(1) Nous exceptons, bien entendu, les cas visés à l'art. 14 de la loi du 9 juin 1853 (Mort du mari dans un naufrage, dans l'accomplissement d'un acte de dévouement, dans une lutte ou combat soutenu dans l'exercice de ses fonctions, ou par suite d'un accident grave résultant de l'exercice des mêmes fonctions), où il suffit que le mariage ait été contracté antérieurement à l'événement qui a amené la mort ou la mise à la retraite du mari.

2° Acte de décès du mari, sur timbre à 1 fr. 80, légalisé par le juge de paix ou son suppléant, ou par le président du tribunal d'arrondissement;

3° Acte de naissance de la veuve, sur timbre à 1 fr. 80, légalisé par le juge de paix ou son suppléant, ou par le président du tribunal d'arrondissement;

4° Acte de mariage de la veuve, sur timbre à 1 fr. 80, légalisé par le juge de paix ou son suppléant, ou par le président du tribunal d'arrondissement;

5° Certificat de non-séparation de corps et de non-divorce, sur papier timbré à 0 fr. 60;

6° Déclaration de domicile sur papier libre, légalisée par le maire et le sous-préfet (le préfet pour l'arrondissement chef-lieu);

7° Brevet de pension du mari ou déclaration constatant la perte de ce titre, sur papier timbré à 0 fr. 60, légalisée par le maire et le sous-préfet (le préfet pour l'arrondissement chef-lieu). — On trouve des modèles de déclaration à la Trésorerie générale du département (Décret du 9 novembre 1853, art. 32. — Lettre ministérielle du 30 octobre 1879).

2° L'INSTITUTEUR DÉCÉDÉ N'ÉTAIT PAS TITULAIRE DE PENSION

La veuve a droit à pension pourvu que deux conditions soient réunies, savoir :

1° Que le mariage ait été contracté 6 ans avant la cessation des fonctions du mari (2);

2° Que ce dernier ait compté, au moment du décès, 25 ans de services tant militaires que civils. (Loi du 13 avril 1898, art. 44).

Pièces à fournir à l'inspection académique :

1° Demande de pension;

(2) *Id.*

2° Acte de naissance du mari ;
3° Acte de naissance de la veuve ;
4° Acte de mariage ;
5° Certificat de non-séparation de corps et de non-divorce ;
6° Acte de décès du mari ;
7° Etat de services du mari (imprimé officiel fourni par l'inspection académique) ;
8° Déclaration de domicile ;
9° Brevet de capacité du mari.

RENSEIGNEMENTS SUR LA CONSTITUTION DU DOSSIER DE RETRAITE DANS LES DEUX CAS CI-DESSUS DÉSIGNÉS.

(Décret du 9 novembre 1853, art. 32.)

Toutes les pièces doivent être établies comme il est dit plus haut (Voir 1°).

Si la veuve est née dans une localité détachée du territoire français, elle produira un certificat d'option pour la nationalité française. (Loi du 9 juin 1853, art. 29).

Le certificat de non-séparation de corps et de non-divorce est délivré par le greffier du tribunal, par le maire ou le juge de paix. Le greffier a qualité pour fournir cette attestation sous sa seule signature.

Le certificat du maire, de même que celui du juge de paix, ne peut être valable que s'il a été rédigé en présence et sur l'attestation de deux témoins (Circulaire du 18 avril 1880).

Lorsque le mariage de la veuve ne remonte pas à plus de 21 ans accomplis, il y a lieu de joindre au certificat une attestation portant que le mari n'a pas laissé d'enfants mineurs d'un précédent mariage (Circulaires des 21 mai 1879 et 30 novembre 1886).

Modèle de certificat de non-séparation de corps, de non-divorce et de jouissance des droits civils dressé par le maire.

« Le maire de la commune d. . . . . ., canton de . . . ., arrondissement de . . . . . département de . . . . . , sur l'attestation des sieurs . . . . . ;

Certifie :

1° Que le mariage contracté à . . . . ., département d. . . . . . entre . . . . et . . . . ., n'a pas été dissous par le divorce ;

2° Qu'aucune séparation de corps n'a été prononcée judiciairement entre les deux époux ;

3° Que la veuve du sieur. . . . . est en possession de ses droits civils ;

4° Que le sieur . . . . n'a laissé aucun enfant mineur d'un mariage antérieur ».

(Les trois signatures seront légalisées par le sous-préfet ou le préfet pour l'arrondissement chef-lieu.)

Dans le cas où il y aurait eu séparation de corps, la veuve devrait justifier que cette séparation a été prononcée sur sa demande (Décret précité, art. 32). L'expédition du jugement qui a prononcé la séparation de corps se fait sur timbre. Un certificat du greffier du tribunal sur timbre peut en tenir lieu.

Si l'intéressée se trouvait dans l'indigence, les actes de l'état-civil pourraient être produits sur papier libre, mais il faudrait alors qu'une mention spéciale soit faite à ce sujet à la fin de chaque acte (Circulaire du 18 avril 1880).

Pour les renseignements relatifs aux autres pièces, nous prions le lecteur de vouloir bien se reporter au chapitre : L'instituteur sollicite une pension de retraite.

L'INSTITUTEUR DÉCÉDÉ NE COMPTAIT PAS 25 ANS DE SERVICES

Si l'instituteur décédait avant d'avoir accompli 25 ans de services, il ne pourrait transmettre à sa veuve qu'un droit qui lui aurait été conféré à lui-même avant son décès, c'est-à-dire son admission à la retraite pour cause d'infirmités.

Il importe donc que les infirmités soient constatées avant la mort et qu'une proposition de mise à la retraite soit faite au ministre en temps opportun ; en un mot, qu'il soit apporté la plus grande célérité dans ces circonstances, puisque la moindre négligence aurait pour effet de priver de tout droit la veuve et les enfants de l'instituteur (Conseil d'Etat. Arrêts des 4 mai 1888, 19 janvier 1906).

MONTANT DE LA PENSION DE LA VEUVE

La pension de la veuve est du tiers de celle que le mari avait obtenue ou à laquelle il avait droit. Elle ne peut être inférieure à 100 fr., sans toutefois excéder celle que le mari aurait obtenue ou pu obtenir (Loi du 9 juin 1853, art. 13).

La pension des veuves d'instituteurs et des veuves de maîtres retraités pour cause d'infirmités depuis la loi du 17 août 1876 est complétée à 200 fr. (Circulaire du 25 novembre 1881) (1).

---

(1) Lorsque le fonctionnaire a perdu la vie dans un naufrage (dans l'exercice ou à l'occasion de ses fonctions), dans l'accomplissement d'un acte de courage, dans une lutte ou combat (soutenu dans l'exercice de ses fonctions), la pension de la veuve est des deux tiers de celle que le mari aurait obtenue ou pu obtenir. (Loi du 9 juin 1853, art. 14).

CAS OU LA VEUVE EST INSTITUTRICE

Lorsqu'un instituteur meurt, laissant à sa veuve, institutrice, le droit au tiers de sa pension de retraite, ladite veuve ne peut cumuler cette fraction de pension avec son traitement que jusqu'à concurrence de 1.500 francs ; si son traitement est de 1.500 francs, elle ne touche donc rien du tiers de la pension de son mari ; ses droits sont suspendus jusqu'à son admission à la retraite ; elle ne les transmet pas aux orphelins mineurs (Loi du 9 juin 1853, art. 28. Décision du 6 novembre 1855. Conseil d'Etat, 9 avril 1897).

Admise à la retraite, elle pourra cumuler sa pension avec le tiers de celle de son mari jusqu'à concurrence de 6.000 fr. (Même loi, art. 31).

LA VEUVE PERD-ELLE SES DROITS A PENSION EN SE REMARIANT ?

La veuve du fonctionnaire qui se remarie n'est pas déchue de son droit à pension (Arrêts du Conseil d'Etat, 26 décembre 1868, 19 décembre 1869). Il faut toutefois que son mari soit Français. Si elle épousait un étranger, elle perdrait sa qualité de Française et en même temps ses droits à l'obtention ou à la jouissance d'une pension (Loi du 9 juin 1853, art. 29).

LES SECOURS DE L'ÉTAT ET DES DÉPARTEMENTS

La veuve d'un instituteur peut solliciter un secours auprès du ministre de l'Instruction publique, ou du préfet du département si le Conseil général vote un crédit à cet effet. Elle adressera, chaque année, avant le 1er janvier, une demande soit au ministre, soit au préfet, par l'intermédiaire de l'inspecteur primaire et de l'inspecteur d'académie.

Nous croyons utile de reproduire ici les dispositions des circulaires ministérielles du 1er décembre 1862 et du 12 janvier 1875, qui réglementent les secours sur les fonds de l'Etat.

« Vous (M. le préfet) ne comprendrez pas dans vos propositions les titulaires d'une pension : ces personnes, ne pouvant être secourues que par exception, devront faire l'objet d'un rapport spécial lorsqu'il y aura lieu.

« En dehors des propositions collectives que vous avez à m'adresser dans les deux premiers mois de l'année, vous ne devez me transmettre de présentations individuelles que dans des cas extrêmement limités, lorsqu'il s'agira, par exemple, d'une veuve que la mort du chef de famille, instituteur public, laisse dans le dénûment. »

LES ORPHELINS DE L'INSTITUTEUR SOLLICITENT UNE PENSION TEMPORAIRE

Lorsque la mère est décédée, ou inhabile à recueillir la pension, ou déchue de ses droits, l'orphelin ou les orphelins ont droit, jusqu'à leur majorité, à une pension temporaire égale à celle que la mère a obtenue ou aurait pu obtenir (Loi du 13 avril 1898, art. 44).

Il faut, bien entendu, que le père ait obtenu sa pension ou ait accompli 25 ans de services tant civils que militaires (Même article).

Celte pension temporaire est partagée entre eux par égales portions et payée jusqu'à ce que le plus jeune des enfants ait atteint l'âge de 21 ans accomplis, la part de ceux qui décéderaient ou celle des majeurs faisant retour aux mineurs.

S'il existe une veuve et un ou plusieurs orphelins mineurs provenant d'un premier mariage, il est prélevé sur la pension de la veuve, et sauf réversibilité en sa faveur, un quart au profit de l'orphelin du premier lit, s'il n'en existe qu'un en âge de minorité, et la moitié s'il en existe plusieurs (Loi du 9 juin 1853, art. 16).

PIÈCES A FOURNIR A L'INSPECTION ACADÉMIQUE PAR LES ORPHELINS

Deux cas sont à envisager :

1° *Le père ou la mère était déjà titulaire de pension*

1° Demande de pension faite par le tuteur, sur timbre à 0 fr.60, légalisée par le maire et le sous-préfet (le préfet pour l'arrondissement chef-lieu) ;

2° Leur acte de naissance ;

3° L'acte de célébration de mariage de leurs père et mère ;

En cas de second mariage, acte de célébration ;

En cas de séparation de corps, expédition du jugement qui a prononcé la séparation ou un certificat du greffier du tribunal qui a rendu le jugement ;

4° Acte de décès de leur père ;

5° Une expédition ou un extrait de l'acte de tutelle ;

6° En cas de prédécès de la mère, son acte de décès ;

7° Brevet de pension (du père ou de la mère) ou une déclaration constatant la perte de ce titre ;

8° Déclaration de domicile du tuteur sur papier libre, légalisée par le maire et le sous-préfet (Décret du 9 novembre 1853, art. 32).

2° *Le père n'était pas titulaire de pension.*

1° Demande de pension faite par le tuteur, sur timbre à 0 fr.60, légalisée par le maire et le sous-préfet ;

2° Leur acte de naissance ;

3° L'acte de célébration de mariage de leurs père et mère ;

En cas de second mariage, acte de célébration ;

En cas de séparation de corps, expédition du jugement qui a prononcé la séparation ou un certificat du greffier du tribunal qui a rendu le jugement ;

4° Acte de naissance du père ;

4° Acte de décès du père ;

6° Acte de décès de la mère en cas de prédécès ;

7° Une expédition ou un extrait de l'acte de tutelle ;

8° État des services du père (Imprimé officiel fourni par l'inspection académique) ;

9° Déclaration de domicile du tuteur, sur papier libre, légalisée par le maire et le sous-préfet (Décret du 9 novembre 1853, art. 32).

10° Le brevet de capacité du père peut, en outre, être exigé (Circulaire du 18 avril 1880).

RENSEIGNEMENTS SUR LA CONSTITUTION DU DOSSIER DE PENSION

Les actes de l'état civil doivent être rédigés sur timbre à 1 fr.80, légalisés par le juge de paix ou son suppléant, ou par le président du tribunal d'arrondissement.

Si les intéressés se trouvaient dans l'indigence, ils pourraient être produits sur papier libre, mais il faudrait alors qu'une mention spéciale soit faite à ce sujet à la fin de chaque acte (Circulaire du 18 avril 1880).

La déclaration constatant la perte du brevet de pension doit être établie sur timbre à 0 fr.60, légalisée par le maire et le sous-préfet (le préfet pour l'arrondissement chef-lieu). — On trouve des modèles de déclaration à la Trésorerie générale du département.

L'expédition ou l'extrait d'acte de tutelle se délivre sur papier libre (Voir, à ce sujet, le greffier de la justice de paix).

L'expédition du jugement qui a prononcé la séparation de corps se fait sur timbre ; le certificat du greffier du tribunal qui a rendu le jugement est établi sur timbre également.

L'instituteur décédé ne comptait pas 25 ans de services ;

Comment les droits des orphelins peuvent être sauvegardés ;

Cas où l'orphelin est un instituteur ;

Secours de l'Etat et du département.

Pour toutes ces questions, le lecteur voudra bien consulter le chapitre précédent ; ce que nous avons dit de la veuve s'applique également aux orphelins.

Nous y ajouterons seulement la disposition contenue dans l'article 34 du décret du 9 novembre 1853 :

« Les enfants orphelins des fonctionnaires décédés pensionnaires ne peuvent obtenir de secours (de pension) à titre de réversion, qu'autant que le mariage dont ils sont issus a précédé la mise à la retraite de leur père. »

LES ORPHELINS D'UNE FEMME FONCTIONNAIRE PEUVENT-ILS OBTENIR UNE PENSION TEMPORAIRE ?

Le Conseil d'Etat a répondu affirmativement (3 mars 1882) pour le secours annuel, qui a précédé la pension temporaire, mais son avis subsiste, et doit être interprété dans le même sens pour la pension temporaire instituée en 1893.

CE QUE LA TROISIÈME RÉPUBLIQUE A FAIT POUR L'INSTITUTEUR

La troisième République a notablement amélioré la situation de l'instituteur : elle a accordé à ce fonctionnaire des avantages matériels, des avantages intellectuels et des avantages moraux que nous énumérons ci-après :

1° AVANTAGES MATÉRIELS

Préparation professionnelle gratuite dans les Ecoles normales ;

Augmentation de traitement appréciable ; payement régulier ; suppléments divers ;

Classes confiées aux proches de l'instituteur dans l'école même qu'il dirige ;

Logement plus confortable, ou indemnité représentative ;

Jardin d'une jouissance plus certaine ;

Vacances d'une plus longue durée ;

Exemption des droits de bibliothèques, d'examens, de certificats d'aptitude et de diplômes afférents aux grades de licencié ès lettres ou ès sciences ;

Gratuité de l'externat libre, pour les enfants, dans les Lycées et Collèges. — Obtention facile de bourses dans les mêmes établissements et dans les Ecoles primaires supérieures ;

Voyages à demi-tarif ;

Suppléance aux frais de l'Etat en cas de maladie ;

Gratuité du traitement thermal et secours thermaux ;

Exemption du droit de timbre pour les certificats médicaux ;

Retraite à 55 ans, après 25 ans de services (à 45 ans d'âge, après 15 ans de services, dans le cas d'infirmités ; après 25 ans de services, sans condition d'âge, dans le cas d'invalidité physique ou morale). — Pension réglée par cinquantièmes ;

Pension plus élevée pour la veuve et les orphelins : droit acquis après 25 ans de services de l'Instituteur. — Secours plus assuré en l'absence de pension.

2° AVANTAGES INTELLECTUELS

Facilités pour les instituteurs et les institutrices de compléter leur instruction à un point de vue général ou professionnel. — Création des Ecoles de Fontenay, de Saint-Cloud, des sections normales ou spéciales de Châlons (école des arts et métiers), de Paris (école des hautes études commerciales), d'Alger-Bouzaréa, du Havre (école pratique de commerce et d'industrie des jeunes filles) ;

Bourses de vacances ;

Réunions et congrès pédagogiques. — Conférences pédagogiques. — Cours de pédagogie ;

Bibliothèques pédagogiques ;

Musée pédagogique et bibliothèque circulante ;

Revue pédagogique, etc.

3° AVANTAGES MORAUX

Influence plus grande des supérieurs hiérarchiques dans l'acte de nomination et de déplacement des maîtres ;

Affranchissement au point de vue religieux ;

Tâche professionnelle agrandie et ennoblie ;

Rôle éducateur, politique et social ;

Influence morale de l'instituteur étendue par la multiplicité des œuvres auxquelles il prête son concours ;

Inspection mieux précisée et plus bienveillante ;

Récompenses et distinctions honorifiques en nombre plus considérable ;

Disparition de la procédure secrète dans l'application des peines disciplinaires ;

Représentation directe au Conseil départemental de l'enseignement primaire.

Certes, nous ne sommes pas de ceux qui pensent, en examinant l'œuvre accomplie, que la prévoyance du législateur doive cesser de s'exercer à l'endroit des maîtres de nos écoles. A l'heure actuelle, des réformes sont encore possibles ; des vœux légitimes doivent recevoir satisfaction. Mais il n'en est pas moins vrai que sous le rapport du traitement, de la sécurité ou de la stabilité professionnelle, des pensions de retraite, les résultats obtenus depuis 1875 ont été considérables ; que nulle part, sous aucun régime, on ne s'est préoccupé davantage de relever la condition du personnel enseignant. C'est la constatation que tout esprit impartial est obligé de faire et qui est de nature à vaincre les hésitations des vocations naissantes.

Le Gouvernement de la République, fidèle à son passé, ne voudra pas se désintéresser du sort d'un fonctionnaire qui l'a si bien servi ; d'autres sacrifices s'ajouteront encore à ceux qu'il a déjà consentis en faveur de l'instituteur public.

SITUATIONS UNIVERSITAIRES

Nous avons écrit notre Guide pour l'instituteur communal et nous serions heureux d'avoir contribué à lui faire aimer une carrière honorable entre toutes ; exempt d'ambition, dévoué à ses élèves, estimé des populations : tel nous nous le représentons dans la sphère de ses fonctions. Si attaché qu'il soit à son école, il ne vit pas cependant dans un complet isolement au sein de l'Université ; il est appelé à voir ses supérieurs hiérarchiques ; il suit ses collègues d'hier, par la pensée, dans les Ecoles primaires supérieures, dans les Ecoles normales, dans les Lycées et Collèges. Quelques renseignements s'imposent donc à cet endroit de notre ouvrage : ils indiqueront les situations universitaires dont il est le plus souvent question.

Nous les faisons connaître dans les tableaux des pages 228 et suivantes.

CONTINUATION DES ÉTUDES

Au cas où le maître serait désireux de continuer ses études dans une Faculté et d'arriver à une meilleure situation, voici des indications :

Nous supposons, bien entendu, qu'il ne possède pas le baccalauréat qui ouvre l'accès des Facultés.

Facultés de Droit. — Des Facultés admettent l'équivalence entre le baccalauréat et le B. S. ou le BS réuni au CAP. ; — droits d'équivalence à payer = 130 francs environ. Lorsque la Faculté ne veut pas consentir à cette équivalence, l'Instituteur peut préparer le certificat de capacité en droit en 2 années, sans abandonner ses fonctions. Possesseur de ce diplôme, il peut obtenir la dispense du baccalauréat et poursuivre la licence pendant 3 années, sans quitter sa classe ; il y a seulement des inscriptions trimestrielles à prendre à la Faculté.

Facultés des sciences. — Pourvu du BS., il a ordinairement un examen probatoire à subir sur la chimie, la physique, la zoologie, la botanique, afin d'être immatriculé pour le P. C. N (diplôme de physique, chimie, sciences naturelles). Ayant obtenu le P. C. N., il est autorisé à se faire inscrire pour les examens de licence.

Des Instituteurs ont pu, à Paris, entrer à la Faculté des sciences sans baccalauréat et sans P. C. N., moyennant 130 francs environ (frais d'examen du baccalauréat ?)

La présence aux travaux pratiques étant nécessaire, le maître est souvent obligé de demander un congé d'un an.

Facultés des lettres. — Elles restent fermées aux Instituteurs qui ne peuvent guère profiter que des avantages de la bibliothèque.

Facultés de médecine. — Avec le P. C. N. cité plus haut, l'Instituteur doit posséder les certificats de physique, chimie, botanique, zoologie générale, pour entreprendre les études de médecine, mais des Facultés se contentent parfois d'un seul de ces certificats.

Observation

Les fonctionnaires de l'enseignement primaire public sont dispensés de tous droits d'inscriptions, de bibliothèque, d'examen, de certificat d'aptitude et de diplôme pour les grades de licencié ès lettres ou ès sciences. Dans les Facultés de droit et de médecine, la gratuité des droits d'inscription est aussi assurée.

PERSONNEL MASCULIN

	Fonctions	Titres exigés	Traitements et avantages accessoires	
Ecoles primaires supérieures	Instituteur adjoint	B S	1400 — 1700 — 2000 — 2200 — 2400	En outre, logement ou indemnité représentative ; indemnité de résidence des directeurs d'écoles primaires élémentaires.
	Professeur	C A au professorat ou licence	1900 — 2200 — 2500 — 2700 — 2900	
	Directeur	id.	2500 — 2800 — 3100 — 3300 — 3500	
Ecoles normales primaires	Instituteur adjoint à l'école primaire annexe (délégation)	B S et C A P	Même traitement et même indemnité de résidence que l'instituteur titulaire (1).	En outre, logement ou indemnité représentative ; allocation annuelle de 300 fr
	Directeur de l'école primaire annexe (délégation)	B S et C A P	Même traitement et même indemnité de résidence que l'instituteur titulaire ou le directeur d'école selon le nombre de classes.	
	Professeur	C A au professorat ou licence	2500 — 2800 — 3100 — 3400 — 3700. Economat : en plus, 500 francs ; logement. Ecole annexe : en plus, 300 francs.	

	Fonctions	Titres exigés	Traitements et avantages accessoires
Ecoles normales primaires	Econome	B S et C A P examen spécial	2000 — 2300 — 2600 — 2800 — 3000. Logement.
	Directeur	CA au professorat ou licence et C A à l'inspection	4000 — 4500 — 5000 — 5500. Logement.
Collèges et Lycées de garçons	Instituteur détaché dans un Collège ou un Lycée	B E et C A P	Même traitement que l'instituteur titulaire ; allocation représentative de l'indemnité de logement et de l'indemnité de résidence de ce dernier.
	Professeur de 3e ordre dans un Collège	B S et C A P	Ne se recrute plus.
	Professeur de classes élémentaires dans un Lycée	C A au professorat des classes élémentaires ou licence	2500 — 2900 — 3300 — 3700 — 4100 — 4500.
Administration	Commis d'inspection académique	B E et C A P ou B S	2000 — 2200 — 2400 — 2600 ; allocations variables.
	Secrétaire d'inspection académique	B S ou baccalauréat	3000 — 3500 — 4000 ; allocations variables.
	Inspecteur primaire	C A à l'Inspection	3500 — 4000 — 4500 — 5000. Indemnité départementale non inférieure à 300 francs ; frais de tournées : 10 francs par jour.
	Inspecteur d'Académie	Agrégation en réalité	6500 — 7000 — 7500 — 8000 ; indemnité d'agrégation : 500 francs. Frais de tournées : 10 francs par jour ; remboursement des frais de transport.

(1) Il faudra lire : Institutrice titulaire quand il s'agira du personnel féminin ; nous ne renouvellerons pas cette observation.

PERSONNEL FÉMININ

Institutrices adjointes d'Ecoles primaires supérieures
1 400 — 1 600 — 1 800 — 2 000 — 2 200

Professeurs d'Ecoles primaires supérieures
1 900 — 2 100 — 2 300 — 2 500 — 2 700

Directrices d'Ecoles primaires supérieures
2 500 — 2 700 — 2 900 — 3 100 — 3 300

Professeurs d'Ecoles normales
2 500 — 2 700 — 2 900 — 3 100 — 3 400

Economes d'Ecoles normales
2 000 — 2 200 — 2 400 — 2 600 — 2 800

Directrices d'Ecoles normales
3 500 — 4 000 — 4 500 — 5 000

(AUTRES SITUATIONS)

Fonctions		Titres exigés	Traitements et avantages accessoires
Collèges de jeunes filles	Maîtresse surveillante d'externat	B E; en réalité B S ou diplôme de fin d'études	1400—1500—1600—1800 2000—2200 Logement.
	Institutrice primaire	B E; en réalité B S ou diplôme de fin d'études	1600—1700—1800—2000 2200—2400
	Maîtresse chargée de cours	B S ou baccalauréat ou diplôme de fin d'études	1800—1900—2100—2300 2500—2700
Lycées de jeunes filles	Maîtresse répétitrice	B S ou diplôme de fin d'études	1500—1600—1800—2000 2200—2400 Logement.
	Institutrice primaire	B E; en réalité B S ou diplôme de fin d'études	1800—1900—2100—2300 2500—2700

Le baccalauréat peut remplacer le diplôme de fin d'études.

TABLE DES MATIÈRES

TABLE ANALYTIQUE

A

B

O

P

Q

R

Saint-Amand (Cher). — Imprimerie BUSSIÈRE.

www.ingramcontent.com/pod-product-compliance
Ingram Content Group UK Ltd.
Pitfield, Milton Keynes, MK11 3LW, UK
UKHW020317230726
13925UKWH00002B/462

9 782013 591539